JN110803

otonano
ensoku
book +

———

キャンプの
きほん

WAKU WAKU

キャンプ当日はもちろん
道具選びや準備も
わくわく楽しい時間

今日はとってもいい天気。
友達や家族と一緒に
キャンプへ出かけよう！

1 テントサイトで
のんびりカフェタイ
ム　2 永く大事に
道具を使って、愛着
のあるアイテムに育
てていくのも楽しい
3 お待ちかねのラン
チタイム　4 キャン
プに欠かせない
チェア。お気に入り
の1脚で心地よい
時間を過ごそう

NIKO NIKO

風の音や森の香りに包まれ
自然の中での〜んびり。
心も体もリフレッシュ

1外で食べるごはんは格別においしい！ **2**明るいうちにランタンを準備 **3**ごろんと寝転がって読書タイム **4**香ばしいにおいが食欲をそそる！熱々ジューシーなキャンプご飯はキャンプの醍醐味 **5**準備と片付けは手際よく。みんなで協力すれば楽ちん&時短に **6**「次はどんなふうに楽しもうか？」。いろいろな楽しみ方があるから何度だって楽しめる **7**自分の好きな空間で過ごす時間は特別な思い出に

　撮影協力／A&F（エイ アンド エフ）

外遊びやキャンプ飯、
焚き火を囲んでおしゃべり。
キャンプを自由に楽しもう

大人の遠足BOOKプラス
キャンプのきほん

Contents ❶

CHAPTER 01
キャンプのはじめ方

CHAPTER 02
キャンプウエアと
キャンプ道具

CHAPTER 03
知っておきたい！
キャンプテク

CHAPTER 04
キャンプ飯＋α

Contents ❷

CHAPTER 05

キャンプのお楽しみ

CHAPTER 06

マナー＆
いざに備える

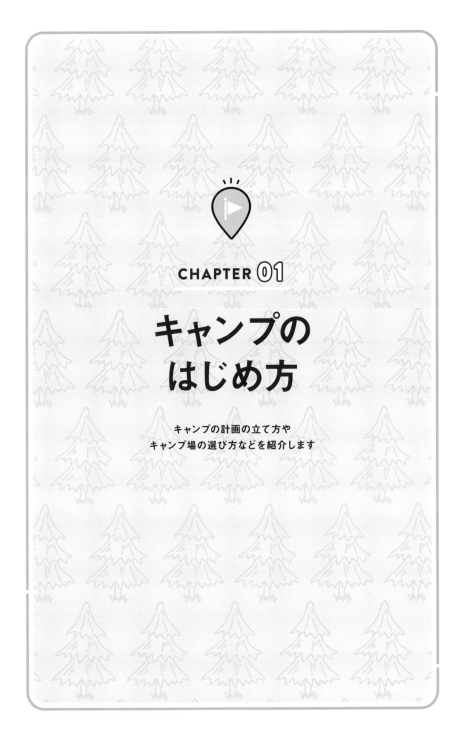

CHAPTER 01

キャンプの
はじめ方

キャンプの計画の立て方や
キャンプ場の選び方などを紹介します

キャンプのはじめ方

「キャンプに行きたいけど、どうやって始めたら…?」と不安に思っている人も多いはず。
キャンプは意外と気軽に楽しめるアウトドアです。自分らしく始めてみましょう。

キャンプの楽しみ方は十人十色

キャンプ場で日中から遊ぶ人もいれば、キャンプ飯に打ち込む人もいます。これが正しいというスタイルはなく、自然の中で各々楽しい時間を過ごせるのがキャンプのおもしろさです。はじめは失敗があるかもしれませんが、計画から当日まで、すべて自力で行うキャンプだからこそ。失敗も楽しさのうちと、気負わず、挑戦してみましょう。

⬆焚き火はキャンプの大きな魅力のひとつ

のんびり過ごす

キャンプのいちばんの楽しみは、自然の中で過ごすということ。タープの下でお茶をすれば会話がはずみますし、テントの中で昼寝をすればきっと日々の疲れも癒やされるはずです。自然を感じながらのんびり過ごすだけでも、キャンプに来た価値が十分にあります。

わいわい遊ぶ

山間部や海辺、川辺など、キャンプ場のすぐそばには自然が広がっています。木登りをしたり、川に入って水遊びをしたり、自然の中で体を動かして遊びましょう。フライングディスクやボールなど遊び道具を持って行き、大人も子どもも、みんなで遊ぶのも楽しいですね。

食を楽しむ

キャンプといえばバーベキュー。みんなでグリルを囲んで、わいわい楽しめるアウトドア料理の代表です。他にも、焚き火で白米を炊いてみたり、ダッチオーブンを使ってオーブン料理に挑戦したりと、自然の中で料理そのものを楽しめるのも、キャンプの魅力です。

キャンプを始める方法

キャンプを始めるとき、いちばん大変なのは道具をそろえることです。最初からすべてそろえようとしないで、まずはキャンプ場のレンタル道具を使ってみるのがおすすめです。初期投資が軽く済みますし、その後道具を購入するときの参考にもなります。また、キャンプ場で半日過ごすデイキャンプやバーベキュー場を利用して、日帰りキャンプから計画してみましょう。宿泊がなければ気軽に出かけられますし、キャンプ場の利用方法や雰囲気を知るのにちょうどよいです。

デイキャンプ＆BBQに挑戦！

デイキャンプとは日帰りでキャンプをすること。デイキャンプ専用のキャンプ場や公園、デイキャンプエリアが設けられたキャンプ場などがありますので、利用してみましょう。また、バーベキュー場は、調理道具や食材がすべてセットになっていることが多く、手ぶらでキャンプを楽しめるので気軽に挑戦できます。

⬆気軽に楽しめるバーベキュー場（画像提供／ヒーロー）

キャンプセットをレンタルする

道具の貸し出しを行っているキャンプ場はたくさんあります。お泊まりキャンプの道具が一式セットになっていたり、テントやチェアの種類が選べたりと、レンタル品の充実さが人気のキャンプ場も。例えばチェアやテーブルは自分で用意して、グリルはキャンプ場で借りるなど、組み合わせて使うのもおすすめです。

⬆小物までレンタルできるキャンプ場も（画像提供／ヒーロー）

インストラクターに教えてもらう

テントの設置方法やキャンプ場のルールなど、わからないことがあれば、キャンプ場のインストラクターやスタッフに聞いてみましょう。キャンプ場によっては、キャンプ講習会やアウトドア料理の体験教室など、初心者向けのイベントもあります。ベテランスタッフが指導してくれるので、じっくり基本から学べます。

⬆キャンプのいろはを教えてくれる講習会もある（画像提供／ヒーロー）

だれと、どこで、どんなキャンプをする？

キャンプを計画しよう

家族でキャンプをするのか、友達とキャンプをするのかでも、必要な道具や
キャンプ場での過ごし方が変わります。自分のキャンプを想像して計画を立てましょう。

はじめてのキャンプはだれと行く？

だれとキャンプに行くかで、キャンプの目的や、必要な道具などが異なります。はじめてのキャンプは、あまり大人数ではなく、2〜4人くらいの少人数がおすすめです。人数が多いと、必要な道具や食料が増えるので、持ち物を用意するだけでも大仕事になってしまいます。少人数なら、荷物の管理が楽ですし、場所の決定やスケジュールの調整もしやすくなり、計画が立てやすくなります。

家族でキャンプ

親子でお泊まりキャンプに挑戦するときは、まずはキャンプそのものを味わうために、キャンプ場のレンタル品を活用する、コテージやバンガローに泊まるなど、必要な道具を減らしたり、手間を省いたりして、負担を軽くしましょう。

ソロでキャンプ

1人ではじめてのキャンプに挑戦するときは、キャンプ場選びが重要です。設備が整っていて、レンタル品のあるキャンプ場だと安心です。管理人やスタッフが常駐していると、道具に不具合があったときなどに相談できます。

少人数でキャンプ

少人数のグループでキャンプを始めるなら、テントやタープなどを分担してそろえていくのもOK。それぞれ少しずつ道具をそろえていけば、数人のグループだけどそれぞれがマイテントで暮らす「ソログルキャン（→p.174）」も楽しめます。

初心者は春〜秋キャンプがおすすめ

キャンプ場の立地にもよりますが、平地のキャンプ場であれば、春や初夏、秋が最も快適に過ごせる季節。盛夏は虫が多かったり、暑すぎて過ごしにくかったりするので要注意。冬キャンプは防寒具や冬用のシュラフが必要なので、キャンプに慣れてきてからトライしましょう。

近場のキャンプ場からトライ

念入りに計画を立てても、はじめてのキャンプはスケジュールが押しがち。とくにテントやタープの設営は時間がかかりやすいので、キャンプ場には早めに到着しておきたいところ。遠方のキャンプ場だと到着時間が大幅に遅れることもあるので、近場のキャンプ場のほうが安心です。

スケジュール表と持ち物リストをつくろう

デイキャンプ（→p.14）と、お泊りキャンプ（→p.16）で、スケジュールが違います。到着時刻と帰路につく時刻、ごはんの時間など、大まかな流れを考えて、スケジュール表の作成を。その表に必要なものを書き込み、最後に持ち物リスト（→p.172）をつくると、忘れ物が減ります。

キャンプの目的と道具を考えよう

家族で自然遊び（→p.144〜）を楽しむのが目的であれば、キャンプ飯は軽めでも。友達と焚き火を囲んでのんびり過ごすときは、座り心地のよいチェア（→p.48）があると満足度がアップします。キャンプの目的を明確にして、そろえたい道具をリストアップしましょう。

キャンプ場で半日過ごしてみよう

デイキャンプ12H

デイキャンプとは宿泊をしない日帰りキャンプのこと。日帰りとはいえ、
しっかり計画を立てましょう。まずは準備から当日までの流れを確認です！

デイキャンプの目的を決めよう

日帰りキャンプといっても、キャンプ場に着いてから撤収するまでは半日ほどしかありません。そこで重要なのが目的をはっきりさせておくこと。料理を楽しむ、テントサイトでゆったりするなど、キャンプ場での過ごし方をしぼっておけば、時間が足りなくて慌てることもありません。前日の準備や出発時間も目的に合わせて調整しましょう。

⬆簡単なランチとコーヒーでのんびり過ごすのも、立派なキャンプの目的！

前日までの準備は？

当日の出発時間が遅れると、キャンプ場で過ごせる時間が短くなってしまいます。前日までに道具などの準備を済ませておきましょう。マイカーで向かう場合は道順とおおよその所要時間を、公共交通機関で向かう場合はアクセス方法を確認して、スムーズに移動できるようにしておくのも大切です。

● キャンプ場を予約する

首都圏近郊のキャンプ場は、夏場の土・日曜、祝日の予約がいっぱいになることもあります。特に東京都内のデイキャンプ場やバーベキュー場は、1カ月前に埋まってしまうことも。日程が決まったら早めに予約をしておきましょう。

予約不要なキャンプ場もある。また、予約状況をホームページで確認できるキャンプ場は、混雑具合の傾向を下調べしておくと安心。

● 道具、食材をそろえる

日帰りとはいえ、タープや調理器具など必要なものがたくさんあるので、前日までに準備しておきましょう。食材は必要なものを書き出して、前日までに買っておくものと、当日の移動中に買うものを分けておくと安心です。

身軽に楽しみたいときは、道具レンタルを行っているキャンプ場を探すのも手。道具レンタルの予約が必要かどうかも確認しておこう。

デイキャンプ12H シミュレーション

下のシミュレーションは、10時オープンのキャンプ場で半日過ごすことを想定しています。チェックアウトは17時で、到着からセッティングまでと撤収の時間を除くと、フリータイムは5時間ほど。この時間をゆっくり楽しむためにも、おおよそでよいので、当日のタイムテーブルを決めておきましょう。

🕐 **7:00** 　出　発

マイカーの場合は前日までにほとんどの道具を積み込んでおき、当日に食材を追加。道路の混雑状況も考慮して出発時間を決めよう。

🕐 **10:00** 　キャンプ場到着

受付を済ませて、テントサイトをセッティングする。誰が何を組み立てるのか事前に決めておくとスムーズに設営できる。

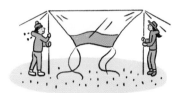

🕐 **11:30** 　昼食準備

調理場を使う場合、昼時は混雑するので早めに準備を始めよう。洗い場も同様。洗い物は水につけておいて、片付けを午後に回してもよい。

🕐 **12:30** 　昼　食

デイキャンプの楽しみのひとつ。13時くらいまでに昼食を始められると、午後のフリータイムもゆっくり過ごせる。

🕐 **14:00** 　フリータイム

フリータイムは昼食後だとのんびり時間を使える。午前中はセッティングや昼食の準備など、あっという間に時間が経ってしまうので要注意。

🕐 **16:00** 　撤　収

手順を決めて素早く撤収しよう。調理器具などは、使った直後にある程度片付けておくと、撤収作業が楽になる。

🕐 **17:00** 　チェックアウト

キャンプ場によってチェックアウトの時間が異なるので事前に確認を。忘れ物をチェックし、ゴミを捨てて、チェックアウト。

キャンプ場に泊まってみよう

お泊まりキャンプ24H

1泊2日のキャンプをシミュレーションしてみました。みなさんはどんなお泊まりキャンプにしたいですか？ しっかり準備して、**自由時間**をたっぷり楽しみましょう。

前日までの準備が大切

デイキャンプと違って、一度出かけたら最低でも2日間はキャンプ場で過ごすことになるため、前日までの入念な準備が重要です。特に気をつけたいのが忘れ物。お泊まりキャンプは持ち物が増えるので、「テントまわり」「キッチンまわり」「リビング

まわり」「ウエア」などの項目に分けて持ち物リスト（→p.172）をつくっておきましょう。荷物を積み込むときも、ある程度、項目ごとにまとめておくと、キャンプ場に着いて車から荷物を取り出すときにわかりやすくてスムーズです。

24Hシミュレーション

13時にキャンプ場へ到着し、翌日10時のチェックアウトまでをタイムテーブルにしました。1泊2日でもキャンプ場で過ごせるのは20時間ほど。だいたいでよい

ので、準備や片付け、撤収などの時間を決めておくと、フリータイムをしっかり確保できます。

DAY1

🕐 **10:00** 　　　出発

1泊2日なので、自宅で朝食をとったあと、ゆっくり出発。前日までに荷物の積み込みは終わらせておいて、朝、忘れ物がないか最終チェックをすれば完璧。

🕐 **13:00** 　　キャンプ場到着

到着後は受付、タープやテントなどの設置があるので、キャンプ場へ向かう途中で昼食を済ませておくと安心。デイキャンプよりも道具が多いので、少し長めに準備時間をとっておく。

14:30 ◀ フリータイム

夕食までに時間があるので、午後はフリータイムに。翌日午前中のフリータイムは短いので、川遊びや自然観察など、しっかり遊びたい場合はこの時間を使うとよい。

16:00 ◀ 夕食準備

山間部のキャンプ場は日が沈むのが早いので要注意。秋や初冬には16時でも薄暗いので、もう少し早めに準備を始めよう。手が空いたら、就寝の用意もしておくと暗くなっても安心。

18:00 ◀ 夕食

キャンプ場の就寝時間は20～22時。その時間には寝られるように逆算すると、夕食は18時くらいからがベスト。バーベキューなどはわいわい楽しめるので、たっぷり時間をとっておきたい。

20:00 ◀ 後片付け

調理器具や食器は、翌日の朝食でも使うので、その日のうちにきちんと片付けておこう。ゴミの分別や、使う予定のない道具の収納も、ここで終わらせておくと、翌日の撤収が楽になる。

21:00 ◀ 就寝

キャンプ場によっては、就寝時間の目安が決まっているので、事前に確認しておこう。懐中電灯やヘッドランプなどの明かりと、水筒を枕元に用意しておくのを忘れずに。

DAY2

7:00 ◀ 起床

身支度を調えたら、片付けの準備を。寝袋やマットはテントの外に出して干しておく。朝露で濡れたタープやテントも、起床後に水を払っておけば乾きやすい。

8:00 ◀ 朝食

サンドイッチや雑炊、うどんなど、簡単な朝食にすれば、撤収までの時間をゆっくり過ごせる。グリルや焚き火台など、朝に使わない火器は、前日のうちに片付けておくとよい。

10:00 ◀ 撤収

調理器具や食器、衣類やシュラフなど、小物から始めて、テーブルとチェア、火器の次に、テントやタープなどの大型の道具へと移行していくと、スムーズに撤収できる。

キャンプ場の選び方

現在、日本には多数のキャンプ場があり、立地や設備など千差万別です。
キャンプ場でどう過ごしたいかを考えておくと選びやすくなります。

キャンプ場の探し方 +

　書籍や雑誌、インターネットなど、キャンプ場の情報が集まっているもので探しましょう。設備や立地を比較して、自分の好みの場所を選べます。また、キャンプ専門店やアウトドアショップに置いてあるキャンプ場のチラシや広告もチェック。初心者向けの講習会や、アウトドア料理教室の開催情報など、旬な情報が得られます。

⬆自宅からアクセスのよい立地かどうかもチェック
（画像提供／イレブンオートキャンプパーク）

インターネットで探す

キャンプ場情報を集めたサイトは、地域や立地、レンタル品の有無などの条件を入力して検索できます。必要な条件がはっきりしている人や、エリアをしばらず全国各地のキャンプ場から選びたい人におすすめです。

〔なっぷ〕 https://www.nap-camp.com

ロケーションや設備など、いろいろな条件で検索できるサイト。口コミや写真の投稿が多く、利用者の目線で探せるのもうれしい。
運営会社／株式会社R.project

〔キャンプ場ドットコム〕 https://www.campjo.com

キャンプ場から得た情報を掲載するサイトで、季節のイベントやキャンプ場の特徴などがわかりやすくまとめられている。
運営会社／株式会社ロゴスコーポレーション

SNSを活用する

SNSへの書き込みなどを参考に、キャンプ場を探すのも有効です。インスタグラムなど写真が豊富なSNSだと、キャンプ場の雰囲気を知るのに便利です。キャンプ場のホームページなども併せてチェックし、情報を精査することを忘れずに。

書籍・雑誌で探す

はじめてキャンプ場を探すなら、書籍や雑誌が便利です。それぞれの特徴を見比べやすく、地域や立地ごとに区分されていることが多いので、自宅からのアクセスやキャンプの目的と合わせて検討しやすくなります。

キャンプ場選びのポイント

安心してキャンプに出かけられるように、アクセスと設備は最初にチェックしておきましょう。気になることがあれば、直接キャンプ場に問い合わせてみるのも手です。キャンプに慣れてきたら、いろいろなキャンプ場に行って、それぞれのロケーションを比較してみましょう。お気に入りのキャンプ場が見つかったときは、四季折々の姿を楽しみに何度も通ってみるのもおすすめです。

アクセスは？

公共交通機関を利用する場合、キャンプ場付近の路線バスなどは運行本数が少ないこともあるので、時刻表や乗換方法をチェックしておきましょう。移動に半日以上かかる場合は入念な計画を。はじめてのキャンプなら、準備や撤収に時間がかかっても安心の近場がおすすめです。

キャンプ場の設備は？

設備が整ったキャンプ場ならはじめてのキャンプでも安心。レンタル品が豊富、風呂が付いている、近くに温泉がある、炊事場でお湯が使える、オートキャンプサイトにAC電源があるなど、設備の内容を事前にチェックしましょう。詳細はキャンプ場のホームページなどで見られます。

ロケーションは？

高原や林間、海辺、川辺、渓流沿いなど、キャンプ場の立地は重要なチェックポイント。キャンプ場での過ごし方を左右します。また、キャンプ場によってはテントサイトの写真を公開していることもあるので、どんなスペースにテントが張れるのかも確認しましょう。

⤊広々とした空間を楽しめる高原のキャンプ場
（画像提供／駒ヶ根キャンピングリゾート）

⤊河原沿いにあるキャンプ場。水遊びに最適
（画像提供／川井キャンプ場）

⤊海辺のキャンプ場はマリンスポーツに繰り出すのも楽しい（画像提供／南紀串本リゾート大島）

設備充実&安心の
ビギナー向け
キャンプ場

レンタル品が充実している、
スタッフが相談に乗ってくれるなど、
はじめてのキャンプにおすすめの
キャンプ場を集めました。

都内にあって
アクセス◎

東京都

江東区立若洲公園キャンプ場
こうとうくりつわかすこうえんきゃんぷじょう

東京湾のそばにあり、電車やバスなどの公共交通機関
でアクセスしやすい。日帰りキャンプも可で、売店「若
洲アウトドアセンター」はレンタル品が充実。
- ☎03-5569-6701
- 📍東京都江東区若洲3-2-1
- 🚗首都高湾岸線新木場ICから車で4.5km
- 🕙通年営業（火曜定休、祝日は翌日休。年末年始休）

キャンプインストラクター
が常駐

埼玉県

ケニーズ・ファミリー・ビレッジ／
オートキャンプ場
けにーず・ふぁみりー・びれっじ／おーときゃんぷじょう

山と川に囲まれた、自然豊かなキャンプ場でファミ
リーにもぴったり。キャンプインストラクターの資格
をもつスタッフが常駐し、キャンプ初心者でも安心。
- ☎042-979-0300
- 📍埼玉県飯能市上名栗3196
- 🚗圏央道青梅ICから車で25km
- 🕙通年営業

手ぶらキャンプ
プランがある

群馬県

グリーンパークふきわれ
ぐりーんぱーくふきわれ

森と川に囲まれた静かなロケーション。テントが選べ
る手ぶらキャンプランなど、初心者向けのプランが
豊富。敷地内にはピザなどを食べられるレストランも。
- ☎0278-56-3215
- 📍群馬県沼田市利根町大楊1098
- 🚗関越道沼田ICから車で20km
- 🕙通年営業

ペットといっしょに
泊まれるサイトも！

長野県

駒ヶ根キャンピングリゾート
こまがねきゃんぴんぐりぞーと

リードなしでペットと一緒にキャンプを楽しめる
「ドッグフリーサイト」が人気。「ロングステイプラン」
なら、対象日で週末最大47時間滞在可能。
- ☎ 0265-83-7227
- ♀ 長野県駒ヶ根市赤穂23-170
- ❽ 中央道駒ヶ根ICから車で2.5km
- 🗓 3月上旬～11月下旬営業

アウトドアショップが
経営するキャンプ場

岐阜県

Alpen Outdoors　しろとりフィールド
あるぺん あうとどあーず　しろとりふぃーるど

標高1000mに位置する天然温泉付きのキャンプ
場。アウトドアショップらしく複数メーカーの各種レ
ンタル品を取りそろえ、手ぶらキャンプセットも人気。
- ☎ 080-5811-9030
- ♀ 岐阜県郡上市白鳥町石徹白136-1-1
- ❽ 東海北陸道白鳥ICから車で23km
- 🗓 4月下旬～12月上旬営業

1日45組限定でテントサイトは
ゆったり

静岡県

フォレスターズ ビレッジ コビット
あさぎりキャンプフィールド
ふぉれすたーず びれっじ こびっと あさぎりきゃんぷふぃーるど

ゆったりとしたテントサイトの設計に加え、1日45
組限定の予約制で、のんびりキャンプを楽しめる。林
間サイトやドッグサイトなど、サイトごとの個性も◎。
- ☎ 0551-45-9025（予約センター）
- ♀ 静岡県富士宮市猪之頭2350
- ❽ 中央道河口湖ICから車で30km
- 🗓 3月下旬～1月上旬営業

メーカー直営の
キャンプ場

福岡県

モンベル五ケ山ベースキャンプ
もんべるごかやまべーすきゃんぷ

アウトドアメーカーのモンベル直営で、同社製品をレ
ンタル可能。すぐそばに店舗があるため、使い勝手が
よかったものを購入して帰ることもできる。
- ☎ 092-408-1711
- ♀ 福岡県那珂川市大字五ケ山461-1
- ❽ 長崎道東脊振ICから車で12km
- 🗓 通年営業（火曜定休）

楽しみいろいろ
ファミリー
キャンプ場

キャンプ場内でさまざまな
外遊びが楽しめる、
キャンプスクールがあるなど、
家族みんなで楽しめる
キャンプ場はこちら。

広大な公園内にある
キャンプ場

宮城県

国営みちのく杜の湖畔公園
エコキャンプみちのく
こくえいみちのくもりのこはんこうえん えこきゃんぷみちのく

東北最大級のキャンプ場で、遊具やボート、足こぎカートなどで遊べる広大な公園内にある。フリーサイトやオートサイトのほか、コテージも点在する。
☎0224-84-6633
📍宮城県柴田郡川崎町大字小野字二本松53-9
🚗山形道宮城川崎ICから車で4.5km
🕐4〜11月営業

プールやアスレチックへ
遊びに行こう

茨城県

大子広域公園オートキャンプ場
グリンヴィラ
だいごこういきこうえんおーときゃんぷじょう ぐりんゔぃら

通年営業のプールや遊具、散策路など、四季を通じて遊べる総合公園の中にある。トレーラーハウスやキャビンなど、いろいろな宿泊スタイルも体験できる。
☎0295-79-0031
📍茨城県久慈郡大子町矢田15-1
🚗常磐道那珂ICから車で48km
🕐通年営業

広大な河原の
キャンプサイト

東京都

川井キャンプ場
かわいきゃんぷじょう

JR青梅線・川井駅から徒歩7分。河原と林間にサイトがあり、ロッジなどの宿泊施設も。バウムクーヘンづくりやカヌー体験など、アクティビティが充実。
☎0428-85-2206
📍東京都西多摩郡奥多摩町梅沢187
🚗圏央道青梅ICから車で18km
🕐通年営業（12月25日〜1月6日休）

牧場で遊ぶ＆食べる
＆体験する

千葉県

成田ゆめ牧場オートキャンプ場
なりたゆめぼくじょうおーときゃんぷじょう

約250サイトもある広大なキャンプ場には、電源あり
サイトや屋根付きの共有エリアなどが整う。隣接する
牧場では動物とふれあったり遊具で遊んだりできる。

☎ 0476-96-1001
📍 千葉県成田市名木730-3
🚗 圏央道下総ICから車で2km
🏕 通年営業（不定休。要ホームページ確認）

焚き火の学校で
キャンプを楽しもう

千葉県

タキビレッジ
たきびれっじ

景色のよいフリーサイトが自慢のキャンプ場。「焚き
火の学校」は親子で1泊2日のキャンプを体験でき
るプログラムで、スタッフがつきっきりなので安心。

☎ 080-4202-5834
📍 千葉県いすみ市国府台459-2
🚗 圏央道市原鶴舞ICから車で20km
🏕 通年営業

キャンプで
野菜の収穫体験を

大阪府

安穏農園
あんのんのうえん

自然農、循環農にこだわって野菜作りをする農園内に
あるキャンプ場。野菜の収穫体験が可能。キャンプサ
イトは家族連れ限定でのんびりキャンプできる。

☎ 06-6653-0666
📍 大阪府豊能郡豊能町川尻86
🚗 阪神高速11号池田線池田木部第一ICから車で
11km　🏕 通年営業

海辺のキャンプ場で
マリンスポーツ

和歌山県

南紀串本リゾート大島
なんきくしもとりぞーとおおしま

本州最南端町、串本町にあり、敷地内には海をのぞむ露
天風呂がある。シーカヤックや無人島など、マリンス
ポーツやツアーなどのアクティビティの予約も可能。

☎ 0735-65-0840
📍 和歌山県東牟婁郡串本町樫野1035-6
🚗 紀勢道すさみ南ICから車で33km
🏕 通年営業

おひとり様歓迎
ソロも楽しい
キャンプ場

ソロ用のテントサイトがある、
公共交通機関での
アクセスがよいなど、
ソロキャンプにぴったりの
キャンプ場を集めました。

ソロにもファミリーにも！
アットホームなキャンプ場

栃木県

那須Queen's Mountainキャンプ＆ロッジ
なすくいーんず まうんてん きゃんぷあんどろっじ

ソロキャンプは牧場の林間で楽しめる。2〜16名用
の大型ログハウスやロッジがあり、温泉完備で、ファ
ミリーにもおすすめ。牧場では乗馬レクチャーも実施。
☎0287-78-3933
📍栃木県那須郡那須町高久乙819
🚗東北道那須ICから車で7km
📅通年営業

電車でアクセスしやすい

東京都

氷川キャンプ場
ひかわきゃんぷじょう

JR青梅線・奥多摩駅から徒歩5分の好立地で、ソロ
キャンパーも多く訪れるキャンプ場。すぐそばが多摩
川の河原なので、水遊びキャンプにぴったり。
☎0428-83-2134
📍東京都西多摩郡奥多摩町氷川702
🚗圏央道日の出ICから車で26km
📅通年営業

直火可のソロエリアあり

千葉県

有野実苑オートキャンプ場
ありのみえんおーときゃんぷじょう

ソロ専用のサイトは静かな林間なので、ソロキャンプ
をゆっくり楽しめる。サイト内の指定場所なら直火で
の焚き火がOKなのもうれしい。
☎0475-89-1719
📍千葉県山武市板中新田224
🚗東関東道酒々井ICから車で12km
📅通年営業

80㎡の電源付きサイトで
ソロキャンプ

千葉県

RECAMP 勝浦
りきゃんぷかつうら

ソロでも便利な電源付き80㎡サイトやペット可エリア、夕日が望めるタイニーハウスなど宿泊プランが豊富。無料で入れる大浴場があるのもうれしい。

☎ なし
📍 千葉県勝浦市串浜1830
🚗 圏央道市原鶴舞ICから車で28km
🗓 通年営業

ぼっちサイトで
のんびり一人キャンプ

山梨県

ほったらかしキャンプ場
ほったらかしきゃんぷじょう

標高約700mに位置するキャンプ場。ソロキャンプ専用の「ぼっちサイト」は展望良好。雄大な富士山と眼下に広がる甲府盆地を眺める最高のロケーションだ。

☎ 080-9677-1010
📍 山梨県山梨市矢坪1669-25
🚗 中央道勝沼ICから車で13km
🗓 通年営業

ソロ用のレンタル品や
食材なども充実

群馬県

北軽井沢スウィートグラス
きたかるいざわすうぃーとぐらす

ロープで区画分けされたソロサイトがあり、安心してキャンプができる。冬には雪上キャンプが楽しめるので、冬のキャンプ・デビューにおすすめ。

☎ 0279-84-2512
📍 群馬県吾妻郡長野原町北軽井沢1990-579
🚗 上信越道碓氷軽井沢ICから車で33km
🗓 通年営業

ソロキャンパー専用の
広大な芝生のフリーサイト

長野県

せいなの森キャンプ場
せいなのもりきゃんぷじょう

キャンプ場から車で2分、「里山CAMPUS」内にソロキャンパー専用のサイトを新設。広々ソロキャンプを。

☎ 0265-46-2525
📍 長野県下伊那郡阿智村清内路2991
🚗 中央道飯田山本ICから車で17km
🗓 4月上旬〜12月上旬営業（※里山CAMPUSの「CAMPUSサイト」「里山ハンモックサイト」は通年営業）

私のお気に入りの

キャンプ場

本書でキャンプのいろはを解説してくれた方々が
お気に入りのキャンプ場を紹介してくれました。

小雀陣二さん おすすめのキャンプ場

アウトドアコーディネーター。多数の雑誌・書籍でレシピを掲載する。

静岡県

VOLCANO白糸オートキャンプ場

ぼるけーのしらいとおーときゃんぷじょう

手入れの行き届いたトイレやコインシャワー、貸切露天風呂、お湯の出る炊事場など充実した設備。富士山が眺められる。

☎ 090-4187-8945（9〜17時）
📍 静岡県富士宮市内野1892-1
交 新東名高速新富士ICから車で22km
営 通年営業

千葉県

イレブンオートキャンプパーク

いれぶんおーときゃんぷぱーく

5万㎡の広大な敷地に120区画のサイトがある。サイト1区画が広々していて使いやすい。施設やレンタルも充実。

☎ 0439-27-2711
📍 千葉県君津市栗坪300
交 圏央道木更津東ICから車で9km
営 通年営業

永松悠佑さん おすすめのキャンプ場

スノーピークスタッフ。登山・キャンプが大好き。

新潟県

スノーピークヘッドクォーターズ キャンプフィールド

すのーぴーくへっどくぉーたーず きゃんぷふぃーるど

約5万坪の広大なフリーサイトで、小高い丘陵地帯にあるので見晴らしがよく、夕焼けや満天の星空など、大自然を満喫できる。

☎ 0256-41-2222
📍 新潟県三条市中野原456
交 北陸道三条燕ICから車で18km
営 通年営業

鹿児島県

屋久島青少年旅行村キャンプ場

やくしませいしょうねんりょこうむらきゃんぷじょう

目の前に海が広がっていて、波音を聞きながら静かな夜を過ごすのにぴったり。テントや調理器具の貸し出しやバンガローも。

☎ 0997-48-2871（営業期間中）
📍 鹿児島県熊毛郡屋久島町栗生2911-2
交 屋久島空港から車で40km
営 4月1日〜10月31日営業

CHAPTER 02

キャンプウエアと キャンプ道具

キャンプを快適に楽しむための
基本のウエアや道具を紹介します

季節やキャンプ地に合わせて選ぶ

キャンプウエアの選び方

キャンプ場は山間部や川辺、海辺にあるため、真夏でも朝晩は冷え込みます。
おしゃれを楽しみつつも服装を工夫して、体を冷やさないように心がけましょう。

キャンプウエアのきほんは「動きやすい」こと

デイキャンプにもお泊まりキャンプにも共通するのは、動きやすい服装を心がけるということ。硬いデニム生地のパンツや薄手のスカートなど、行動しにくい服装はキャンプには不向きです。ストレッチが効いた素材で、気兼ねなく動ける形の服を選びましょう。

➡タープやテントの設営ではダイナミックな動きも

● 手持ちの服をベースに組合せを考えよう

いきなりアウトドア向けの服を買いそろえるのは大変なので、綿素材のTシャツや、襟付きのシャツ、パーカー、スウェットパンツ、タイツなど、まずは手持ちの服でコーディネートしてみましょう。それをベースに、Tシャツを乾きやすい化繊素材のものにチェンジしたり、難燃素材のジャケットを投入したりして、少しずつアウトドアウエアを組み合わせていくのがおすすめです。

⬆アウトドアウエアブランドのTシャツは抗菌、速乾など、さまざまな加工が施されていることも ➡デニム生地のパンツもストレッチ性の高いものがある

キャンプの服装は重ね着が基本！

気温や天気に合わせて服を着替えると荷物が増えてしまうので、たとえば、昼は長袖のTシャツで過ごし、夕方はフリースを重ね、夜はその上にジャケットを羽織るなど、重ね着で対応するのが基本です。こうした重ね着のことを「レイヤリング」といいます（→p.30）。

⤷重ね着するウエアは、季節に合わせて厚みや素材を考えよう

どんなときでも長袖と長ズボンを用意

真夏のデイキャンプは、ハーフパンツとTシャツで過ごせますが、山間部や林間のキャンプ場では朝晩に急に冷え込むことも。また、自然あふれる場所でのキャンプは虫対策や日差し対策も必要です。長袖の羽織りものや、薄手の長ズボンなど、手足を隠せるウエアを用意しておきましょう。

⤴長袖のシャツは前開きのものだと、着たり脱いだりするのが楽ちん

⤴長袖の代わりにアームカバーで腕を隠すのもアリ

レインウエアなど、雨対策は必須

特に山間部は、日中晴れていても、夕方から大雨に見舞われることも。折りたたみ傘はもちろん、レインウエアやレインブーツなど、しっかり雨対策を。コンビニエンスストアで売っている雨合羽も使えますが、引っかけると破れてしまいますし、湿気がこもりやすいので、汗で内側が濡れてしまいます。レインウエアは、防水透湿性に優れたアウトドア用のものがおすすめです。

⤸アウトドア用や登山用のレインウエアは、高い防水性に加え、服の内側から外側へ湿気を逃がす「透湿性」が高いものが多い
⤵レインスカートやポンチョなど、手軽に使えるレインウエアを取り入れても

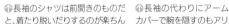

「ベース＋ミドル＋アウター」の三層を覚えておこう

レイヤリングのきほん

太陽がまぶしい夏のキャンプから、雪がちらつく冬のキャンプまで、いろいろな季節の
キャンプを快適に過ごすためには、レイヤリングの基本をしっかりおさえましょう。

レイヤリングは三層構造

レイヤリングは「ベースレイヤー」と「ミ
ドルレイヤー」、「アウター」の三層構造で
考えます。ベースレイヤーは肌にいちば
ん近い服のことをいい、汗を吸収する役
割があります。ミドルレイヤーはベース
レイヤーとアウターにはさまれたウエア
のことで、暖かさをキープするためのレ
イヤーです。そのため、フリースやダウン
など、空気を含みやすい素材でデッドエ
アをつくることが大切です。アウターの
役割はいちばん外側で風雨をブロック
し、暖かさを閉じ込めること。しっかりし
た生地のものがおすすめです。

 ベースレイヤー

肌にいちばん近い
服。Tシャツやア
ンダーウエアなど

 ミドルレイヤー

ベースレイヤーと
アウターにはさま
れた中間着。フリー
スやダウンなど

 アウター

いちばん外側に羽織
る服。ジャケットや
ウィンドブレーカー、
レインウエアなど

COLUMN

「動かない空気」
デッドエア

フリースやダウンでデッ
ドエア（動かない空気）を
つくり、その上からアウ
ターをレイヤリングして
閉じ込めることが大事。冷
たい外気と体の間に、デッ
ドエアがあることで、断熱
効果が得られます。

Point

2つのレイヤーを
合体させたウエアも

ジャケットにダウンや化繊中
綿を封入したものや、防風機能
付きのフリースなど、ミドルレ
イヤーとアウターを合体させ
たようなウエアもあります。
細かい体温調整は難しいです
が、秋など、日中から肌寒い季
節に便利です。

⬆ミドルレイヤーとアウターを兼ね
るウエアは、羽織れば保温性も防
風性も得られて手軽なのがよい

ベースレイヤー

綿素材でも使えますが、吸水速乾性が高い化繊素材のものだと、汗冷えしにくく、快適に過ごせます。キャンプでは着替えを何度もしづらいので、抗菌性や防臭性が高いものだと、家に帰るまで着心地を保てます。近年注目を集めているのはウール素材のベースレイヤー。抗菌防臭に優れ、濡れても冷えを感じにくいといわれています。夏はさらり、冬は暖かで一年中使える素材です。

↑化繊のTシャツでも、綿に近い手ざわりのものも　→ウール素材の長袖は冬に重宝する。●モンベル／メリノウールプラスライトパーカーWomen's／1万780円／モンベル・カスタマー・サービス

ミドルレイヤー

ベースレイヤーとアウターの間に着るもの。アウターの下に着るので、あまり厚手でない方が動きやすいです。夏は襟のあるシャツなど、薄手で羽織りやすいものを。春秋や冬はフリースや薄手のダウンなど、保温性の高い素材のものを選びましょう。

↑襟付きのシャツは夏のミドルレイヤーとして優秀。気温が高いときは、これをアウターにしてもOK

↑秋や初冬には薄手のダウンが使える。アウターを重ねても腕周りがごわつきにくい

アウター

いちばん外側に着る服なので、防風機能があるウエアにしましょう。夏は薄手のウインドブレーカーなどでOK。防水透湿性に優れたゴアテックス素材のジャケットやレインウエアをアウターとして準備しておいても◎。冬は厚手のジャケットや、ダウンや化繊綿が封入されたものなど、しっかりした生地のものを選びましょう。

↑薄手のウインドブレーカー。夏はTシャツの上に、春秋はフリースの上に羽織るなど、使い勝手のよいアイテム

↑焚き火には、難燃素材のアウターがおすすめ。暖かい季節はTシャツの上に、寒い季節はダウンの上に重ねて

春・秋のおすすめコーディネート

Men's

季節の変わり目は
あったかウエアを
投入

⬆春・秋の季節の変わり目は、朝晩と日中の気温差が激しいので、薄手のダウンやフリースなどを用意しておきましょう。●アウトドアリサーチ／メンズヘリウムジャケット／３万4100円／A&F

Point

春・秋はウインドシェルなど、薄手のジャケットがあると安心です。タイツや靴下など、簡単に脱ぎ着できるものを用意しておくと、気温に合わせて調整しやすくて便利です。

帽子：KAVU ／パイルハット／ 7150円　**ジャケット：**アウトドアリサーチ／シャドウウィンドフーディー／１万6500円　**Tシャツ：**KAVU ／フットボールTee2／9900円　**ボトムス：**アウトドアリサーチ／アストロショーツ／１万1000円　**タイツ：**アウトドアリサーチ／アルパインオンセットメリノ150ボトム／１万2100円　**靴下：**ダーンタフ／1466 マイクロクルーミッドウェイトクッション／3300円　**靴：**チャコ／ローダウンサンダル／9900円／すべてA&F

Women's

Point

朝晩が冷え込むかも
しれないので、スカー
トの場合は丈は長め
のものを。タイツを
併用するのも◎。重
ね着で体温調節をし
ましょう。

帽子：KAVU／シンセティックキャップ／5940円　**ジャケット：**アウトドアリサーチ／ストラトバーストストレッチレインジャケット／2万5300円　**Tシャツ：**KAVU／トゥルーロゴTee／4620円　**スカート：**KAVU／ジャンパースカート／1万450円　**靴下：**ダーンタフ／ツリーラインマイクロクルーミッドウェイトクッション／3850円　**靴：**チャコ／ローダウンサンダル／9900円／すべてA&F

夏のおすすめコーディネート

Men's

部分的に日差しを
シャットダウン

↑首や腕など、部分的に日差しを避けることで、涼しさをキープ。この商品は汗を利用して体温を下げるというテクノロジーで冷感効果が期待できる優れもの。●フリーザーゼロⅡネックゲイター／3190円（左上）、フリーザーゼロⅡアームスリーブ／3520円（右上）／すべてコロンビア／コロンビアスポーツウエアジャパン

Point

暑い時期ならハーフパンツで涼しく。ケガや虫さされが気になるときは、ソックスや薄手のタイツを準備しておきましょう。熱中症対策で帽子は必須です。

帽子：ウィングマークキャップ／3960円　**シャツ**：エンジョイマウンテンライフオムニフリーズゼロロングスリーブシャツ／1万5400円　**Tシャツ**：コールドベイダッシュショートスリーブティー／5940円　**ボトムス**：参考商品　**靴下**：スティムソントレイルミッドソックス／2420円　**靴**：グローブトロットサンダル／9900円／すべてコロンビア／コロンビアスポーツウエアジャパン

商品説明凡例：商品名／価格（税込）／ブランド名／問合せ先

※問合せ先は巻末のP175参照

Women's

Point

シャツやタイツなど、肌に触れるウエアは、速乾性の高い生地だと、心地よく過ごせます。日焼け対策には、薄手のタイツやウインドシェルなど、重ね着できるものを。

帽子：リトルマイアミハーバーキャスケットキャップ／5610円　**ジャケット**：ウィメンズトゥリースワロージャケット／1万8700円　**ワンピース**：ウィメンズリヴァナパークショートスリーブドレス／1万4300円　**タイツ**：参考商品　**靴下**：エンジョイマウンテンライフミッドソックス／2200円　**靴**：ドレインメーカーティーアール／9900円／すべてコロンビア／コロンビアスポーツウエアジャパン

冬のおすすめコーディネート

Men's

首元を温めると
全身ほかほかに

⬆ウール素材のマフラーや、ダウンのネックウォーマーなど、首元の防寒も忘れずに。●ダウンネックウォーマー／2530円(左上)、ニットハイランドマフラーフォレスト／3850円(右上)／すべてモンベル／モンベル・カスタマー・サービス

Point

日中はシャツとダウンで、朝晩はアウターを重ねて。ミドルレイヤーのダウンやフリースは、薄手〜中厚手だと、アウターを着ても動きやすいです。

帽子：クリマプラス200 O.D.イヤーウォーマーキャップ#1／2750円　**ジャケット**：フエゴカントリージャケット／1万8700円　**ダウン**：スペリオダウンジャケットMen's／1万7050円　**シャツ**：コアスパンネルシャツMen's／9680円　**ボトムス**：ストレッチサーモデニム12oz／1万3200円　**靴**：サーマランドスリップオン／1万3200円　**手袋**：クリマバリアグローブMen's／3520円／すべてモンベル／モンベル・カスタマー・サービス

商品説明凡例：商品名／価格(税込)／ブランド名／問合せ先

Women's

Point

スカートにする場合もダウンやフリースなど、暖かい素材のものを。靴下やタイツもウール混だと冷えにくいです。足元の冷えが気になるときは、中綿入りシューズがおすすめです。

帽子：ローゲージニットキャップ#3／2420円　**ジャケット**：フエゴパーカWomen's／1万4520円　**ベスト**：クリマプラスシーリングベストWomen's／8360円　**ダウン**：スペリオダウンジャケットWomen's／1万5950円　**スカート**：シャミースラップスカート／7040円　**タイツ**：ジャカードタイツWomen's／3630円　**靴**：コルチナブーツWomen's／1万8150円　**手袋**：クリマプラス200ミトン／2420円／すべてモンベル／モンベル・カスタマー・サービス

雨の日のおすすめコーディネート

Men's

Point

レインウエアの上下で雨対策を。寒い時期には、ミドルレイヤーに保温性の高い、中綿入りのウエアやフリースを重ねて。フードが苦手な人には、防水性能のある帽子がおすすめ。

帽子：レイン 3Lキャップ2／7150円　**レインウエア上下：**G-TX 3L レイン ジャケット／5万1700円、G-TX 3L レイン パンツ／3万800円　**インナージャケット：**ガスト リバーシブル ジャケット／3万800円　**Tシャツ：**クイック ドライ L/S T／9130円　**ボトムス：**リグ ショーツ／1万2650円／すべてカリマー／カリマーインターナショナル

靴下：スペイフライクルーライトウェイトクッション／3850円／ダーンタフ／A&F　**靴：**ブリーズ／2万8050円／バスク／A&F

商品説明凡例：商品名／価格(税込)／ブランド名／問合せ先

Women's

ラップスカートで
気軽にかわいく
雨対策

⬆レインウエアのボトムス
をラップスカートにするの
もおすすめ。さっと巻き付け
るだけで雨対策ができちゃ
う、優秀で気分が上がるアイ
テム。●レインラップスカー
ト／4950円／モンベル／
モンベル・カスタマー・サー
ビス

Point

雨が予想されるな
ら、足元は長靴にす
るのもあり。小雨な
らジャケットだけ羽
織っても◎。雨の降
り方や気温で、レイ
ンパンツを追加しま
しょう。

帽子：レイン 3Lハット2／7700円　**レインウエア上下**：WTX LT レイン ジャケット／3万1900円、WTX
LT レイン パンツ／2万2990円　**Tシャツ**：コンフォート リラックス S/S T／6160円　**ボトムス**：トライトン
ライト ショーツ W's／7700円／すべてカリマー／カリマーインターナショナル
靴下：クルーライトウェイトクッション／3740円／ダーンタフ／A&F　**靴**：PKレインブーツ／1万1550円／
ウェットランド／A&F

きほんのキャンプギアをそろえよう

キャンプ道具の選び方

テント、タープ、チェアなど、どれもこだわりの1つを選びたいあなたに、
キャンプ道具を選ぶ際のコツを紹介します。

自分のキャンプスタイルを想像してみよう

　近年はさまざまなメーカーからキャンプ
道具が発売されています。カラフルでかわ
いいものから、アースカラーでシックなも
の、シンプルなつくりのものや、無骨でかっ
こいいものなど、道具のテイストはいろい
ろ。自分のキャンプスタイルはどんな風な
のか、どんな風にキャンプを楽しみたいの
か、まずは想像してみましょう。

↑キャンプの過ごし方でも必要な道具は変わってくる

少しずつそろえていこう

　一度にすべてを買い集めるのは資金がか
かって大変ですし、慌ててそろえると使わな
い道具や安価でも壊れやすいものを買って
しまうこともあるので、少しずつ買いそろえ
ていきましょう。道具の使い勝手を試すこ
とができるショップや、キャンプ場のレンタ
ル道具などで、いろいろな道具に出合って、
自分に合うものを探しましょう。

● お店で手に取ってみよう

ネットショッピングでもさまざまなキャンプ道具を購
入することができますが、まずはお店で実物を手に
取ってみるのがおすすめ。お店で選べば、実際に組み
立ててみたり、組み立て方を聞いたりできます。店頭
では収納されたものが並んでいるので、収納サイズの
大きさを比べるのも簡単です。わからないことがあっ
たら質問することもできます。

↑買いそろえていくうちに、ほしいものが
出てくるはず！

デイキャンプの道具からそろえるのもアリ

デイキャンプで使う道具は、テーブルとイス、調理器具、タープがあれば十分です。まずはデイキャンプの道具をそろえて、何度かデイキャンプに挑戦してみましょう。お泊まりキャンプは、デイキャンプの道具にシュラフやマット、テントなど、キャンプ場に宿泊するための道具を足していくイメージです。テントをじっくり選びたい人は、コテージやキャビンに泊まってみても。デイキャンプの道具だけ、もしくはシュラフとマットを買い足すだけで泊まれるので、お泊まりキャンプを試してみるのにぴったりです。

⬆️キャンプ道具の花形といえば、テント（下）とタープ（上）。どちらも大きな買い物になるので、じっくり選びたい（→p.42、p.45）

きほんのキャンプ道具 →p.42

CHECK LIST

□ テント（→p.42）	形や大きさがさまざまなので、人数やキャンプスタイルに合わせて。
□ タープ（→p.45）	キャンプサイトに張って日除けなどに。デイキャンプにも使える。
□ チェア（→p.48）	ロータイプやハイタイプ、ベンチなどさまざま。
□ テーブル（→p.49）	ロータイプやハイタイプなど、チェアに合わせてセレクトしよう。
□ シュラフ（→p50）	寝袋は必須。季節やキャンプスタイルに合わせて、素材や形を選ぼう。
□ マット（→p.51）	寝心地をよくするために、シュラフの下に敷くもの。
□ その他ファニチャー（→p.54）	シェルフやゴミ箱など、テントサイトをアレンジして快適に。

きほんのキッチン用品 →p.98

CHECK LIST

□ バーナー、グリル（→p.98）	調理に必要な火器を1種類、用意しよう。
□ 焚き火台（→p.100）	焚き火だけでなく、調理にも使えるので1台あると便利。
□ 鍋（→p.101）	火器はキャンプ場で借りて、まずは鍋からそろえるのもOK。
□ 食器・カトラリー（→p.103）	キャンプ場では借りられないことが多いので用意を。
□ クーラーボックス（→p.132）	食品を持ち運んだり、保存するために必要。
□ その他調理器具（→p.102）	ウォータータンクや包丁とまな板など、調理に必要な道具をそろえよう。

CHAPTER 02 キャンプウエアとキャンプ道具 キャンプ道具の選び方

まずはこれをそろえよう！

きほんのキャンプ道具

一度にすべてを買い集めるのは大変！
まずは基本のキャンプ道具からそろえて、徐々にキャンプサイトを整えていきましょう。

特徴で選ぶテント

テントはキャンプ場での住まい。夜寝るときはもちろん、昼間も休憩に使いますし、雨が降ればここで過ごします。まずは家族や友達、ソロなど、使用する人数をもとに、どのくらいの大きさがベストかを考えましょ

う。大きさだけでなく、形でも居住性が異なるので、用途を考えて慎重に選びましょう。近年、テントの形はさまざまに進化しています。はじめて購入するなら、立てやすさと価格からドーム型テントがおすすめです。

◆テントの壁が高めに立ち上がり、室内でゆったり過ごせるドーム型テント。●コールマン／タフワイドドームV／300スタートパッケージ／6万8970円／コールマンカスタマーサービス

\ 初心者におすすめ /

［ ドーム型テント ］

2本のメインポールを交差して立てます。設営が簡単で、耐候性に優れた形です。前室には荷物を置くことができますが、スペースが少ない場合や、もっと日陰をつくりたいときは、タープと組み合わせるとより快適に過ごせます。

\ 寝る場所を分けられる /

［ ツールーム型テント ］

ドーム型テントの外幕を延長し、リビングや物置きスペースを備えたテント。就寝と食事のスペースを分けることができます。近年インナーテント（寝室）は吊り下げ式が増え、それを取り外すとシェルターとして使えるタイプもあります。

◆2人用、5人用のインナーテントがセット。状況に合わせて足し引きできる。●サバティカル／ギリア／5万9800円／A&F

商品説明凡例：ブランド名／商品名／価格（税込）／問合せ先（ブランド名と問合せ先が同じ場合は記載なし）

＼ リビングが広い ／

トンネル型テント

細長い形状をしていることから、カマボコテントやイモムシテントともよばれます。広いリビングスペースを確保でき、居住性に優れています。アーチ型のフォルムは風の影響を受けにくく、強風に強いところも魅力のひとつ。

⬆付属のインナーテントは前後に取り付けOK。全面メッシュにでき夏も快適。●ogawa／アポロンS／14万1900円／キャンパルジャパン

🔵コットン混紡で結露しにくい。遮光性があり、夏は涼しく冬は暖気を逃さない。●テンマクデザイン／サーカスTC＋／4万3780円／カンセキWILD-1事業部

＼ 一人でも設営しやすい ／

ワンポールテント

立てるポールは1本だけ。構造がシンプルなので一人でも設営しやすく、扱いやすい形です。フロアシートを取り外せるタイプも多く、状況に合わせて使い分けが可能。前室がないため、タープを併用すると居住性がアップします。

⬆開放性に優れ、タープのように使える

＼ 空間が広くて過ごしやすい ／

ベルテント

見た目はワンポールテントと似ていますが、サイド部分を立ち上げることで、広々とした空間を確保しています。基本的にはテント中央にポール1本、出入口や屋根にポールを複数使用し、強度を高め、空間を広くしています。

⬆軽量で濡れても乾きやすい素材を採用。重量4kgで持ち運びがしやすい。●ノルディスク／アスガルドTech Mini／10万4500円／ノルディスクジャパン

続きは次のページへ

\ 天井が高くて過ごしやすい /

(ロッジ型テント)

天井が広く高く、家のような形をしています。テントの中で腰を折らずに過ごせるため、快適性は随一。おのずとフロアが四角い形になるため、ギアがレイアウトしやすいところも魅力。レトロなデザインが多いのもロッジ型の特長です。

⤴天井高198cmで広々としたコットン製テント。1人で簡単にセットアップできる。
●スプリングバー／ハイラインクラシックジャック／18万4800円／A&F

\ 無骨なデザインがかっこいい /

(パップテント)

前面を跳ね上げると前室ができて過ごしやすくなります。軍用幕をルーツにもち、タフな環境でも手早く設営できる構造と、ミリタリー感のある無骨なデザインが特長。素材は、火の粉に強いコットンや軽量なポリエステルなどがあります。

⤴前後左右のパネルは巻き上げることができ、気温や日差しに応じてアレンジOK。●テンマクデザイン／サーカス720VC／8万7780円／カンセキWILD-1事業部

⤵フライシートを外すと大型のサンシェードになる。メッシュ生地で通気性◎。●DOD／わがやのテントL／3万8500円／ビーズ

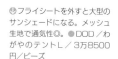

\ ワンアクションで設営完了 /

(ワンタッチテント)

雨傘のような骨組みが仕込まれていて、ワンタッチで立ち上げることができます。設営・撤収に時間がかからないため、ピクニックやデイキャンプにぴったり。オールインワンの構造なので、部品をなくす心配もありません。

⤴フライシートを外して、デイキャンプに使っても

デイキャンプにも使えるタープ

タープは布とポールで組み立てる屋根のようなもので、日除けや雨除けとして使え、デイキャンプにも便利なアイテムです。タープもテント同様、種類が増えています。セッティングのしやすさ、利用人数、テントとの併用が可能など、それぞれのタイプに特徴があるので、自分に合ったものを探してみましょう。

\ 風に強い定番タープ /

ヘキサタープ

六角形である「ヘキサ」は、風に強く、曲線美の際立つルックスが最大の魅力。コンパクトながらも開放感があります。2本のポールで設営できるため、手間が少ないところもポイントです。

⊕ポリエステル生地に日差しの透過を軽減する加工を施しているので、夏も涼しく過ごせる。●サバティカル／ルピネM／3万4800円／A&F

⊕ループが14カ所あり、張り綱やポールを追加することで多彩にアレンジできる。●テンマクデザイン／焚火タープTCマルチコネクトレクタ／3万2780円／カンセキWILD-1事業部

\ 広い空間をつくり出せる /

レクタタープ

長方形という意味の「レクタングル」が由来。「スクエアタープ」ともよばれます。日陰の面積が大きく、広い居住スペースをつくり出せるのが強み。6本のポールで設営するのが主流ですが、片面を下げて防風性を高めることもできます。

\ 収納サイズがコンパクトで軽量 /

ウイングタープ

ヘキサタープ同様、基本的には2本のポールで設営できるタイプ。おもにひし形で、ヘキサやレクタと比べると日陰面積は劣るものの、軽量でコンパクトに携行できます。くびれのある五角形もウイングタープに分類されます。

⊕レクタ並みの広い有効面積を生み出したモデル。4本のポールで設営する。●ゼインアーツ／ゲウ／4万7850円

続きは次のページへ

\ アレンジ自在の上級者向け /

オクタゴンタープ

ヘキサより広く、レクタより風に強い八角形。広々としたリビングスペースを確保できます。形のアレンジが多様にできるのもポイント。角が増えるぶん、ペグダウンの回数が増えるため、設営の難易度は高め。

↩5.1×5.1mの超大型サイズ。流線型かつペグダウンの箇所を増やすことで耐風性を強化。●DOD／オクタタープブラック／2万2000円／ビーズ

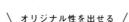

↑TC素材採用。サイドパネルは取り外しでき、日除けしつつ風景が味わえる。●鎌倉天幕／TARP420TC／6万6220円／ニューテックジャパン

COLUMN

TC素材って どんな素材？

火の粉に強く結露しにくい「コットン」と、軽量で耐候性に優れる「ポリエステル」を混紡した素材のこと。通気性、遮光性にも長け、通年で使いやすいことから、近年はTC素材を採用したタープが増えています。

\ オリジナル性を出せる /

変則型タープ

ひさしやフラップがあったり、ハンモックと融合している形などを指します。構造にクセはあるものの、周りとかぶらない唯一無二のデザインが魅力。使用シーンによっては持ち前の機能を最大限に活かせるでしょう。

\ シートをかけるだけで設営完了 /

ワンタッチタープ

骨組みを開いて、フライシートを引っ掛けるだけのシンプルな構造。簡単に立ち上がるため手早く設営でき、時短につながります。弱点は重くかさばるところですが、他のタープと比べて値段が手頃なので、手に入れやすい点も強み。

←フライシートをポールにかけて脚を伸ばすと完成するので、設営が簡単

↑風に強く、雨や日差しが入りにくいひさし形状。高さは3段階。●コールマン／インスタントバイザーシェードⅡ/M（グレージュ）／1万4960円／コールマンカスタマーサービス

⬆壁面がほぼ垂直に立ち上がる設計で圧迫感が少ない。4〜6人の大型サイズ。●モンベル／ソレイユスクリーン／9万3500円／モンベル・カスタマー・サービス

⬆悪天候に強いドーム型。2本のポールで自立するため設営しやすい。●ミニマルワークス／シェルターG／12万5400円／アンバイ ジェネラルグッズストア

\ タープにもプライベート空間を /

スクリーンタープ

屋根だけのタープとは違い、壁をつくって全体を囲えるタイプ。メッシュにして虫からガードしたり、一部を覆ってプライベートな空間をつくったり、フルクローズして暖かくしたりと、状況に応じてアレンジできます。シェルターとよばれる床面のないテントもスクリーンタープのように使うことができます。

\ オートキャンプで大活躍 /

カーサイドタープ

車のサイドドアやバックドアに連結できるタープのこと。多くのモデルは車体に吸盤を取り付けて使用します。屋根だけの簡易的なものから、居住性の高いロッジ型まで、仕様はさまざま。デイキャンプや車中泊で活躍します。

⬇開閉式のメッシュ窓があり、外の景色を楽しめる。設営が容易なコンパクトサイズ。●ogawa／カーサイドタープAL-Ⅱ／3万1900円／キャンパルジャパン

チェアとテーブルは高さをそろえよう +

チェアとテーブルを選ぶときのポイントは高さをそろえること。ロータイプはゆったりとした空間づくりに、ハイタイプは大人数やファミリーに向いています。チェアとテーブルは道具のなかでも特にかさばるものですが、キャンプサイトの居心地を左右するので、キャンプサイトの完成図を想像しながら丁寧に選びましょう。

《 チェア 》

ハイチェア

座面の高さは一般的に45cm前後。家庭のダイニングテーブルと同じ高さ(70cm程度)のテーブルと相性がよく、前傾姿勢になりにくく食事や料理がしやすいチェアです。

↑本体とひじ掛けが一体化し、スタイリッシュなたたずまい。ローテーブルとも合わせやすい。●ザ・ノース・フェイス／TNFキャンプチェアスリム／1万8700円／ゴールドウインカスタマーサービスセンター

ローチェア

座面の高さは一般的に35cm前後。座面が低いため、足を伸ばしてゆったりと座れます。ハイチェアより地面に近いため、焚き火との相性が抜群です。

↑後傾姿勢を保てるハイバック仕様。よりリラックスした体勢でくつろげる。●ヘリノックス／チェアツーホーム／2万2880円／A&F

リクライニングチェア

背もたれを倒すことができ、チェアに座りながらくつろげます。背面が高くなるぶん重くかさばりますが、高いリラックス効果があります。

↑背面を倒すと足元が上がり、ほぼ仰向け状態でリラックスできる。●コールマン／インフィニティチェア／1万2980円／コールマンカスタマーサービス

ベンチ

背もたれのないコンパクトタイプや、ひじ掛けつきでチェアのような感覚で使えるタイプも。比較的厚みがなく、スマートに収納できます。

↑背もたれ付きのベンチ。ひじ掛けには天然木があしらわれ、高級感がある。●キャプテンスタッグ／CSブラックラベル アルミ背付ベンチ／1万1000円

（ テーブル ）

折りたたみテーブル

脚を折りたたんでコンパクトに持ち運べます。ソロ用の小さいものからファミリー向けの大型までサイズはさまざま。特に大型テーブルになると重たくなるため、軽い素材を選ぶとよいです。

⬆天板には高品質の竹を使用。滑らかで汚れをふきとりやすい。●ザ・ノース・フェイス／TNFキャンプテーブルスリム／2万6400円／ゴールドウインカスタマーサービスセンター

ロールトップテーブル

くるくると天板を丸めて、スリムに収納できます。天板の種類も豊富で、ナチュラルな印象の天然木材から軽量なアルミなどがあります。

⬆高さは2段階で、ハイチェアとローチェアのどちらにも合わせられる。●コールマン／ナチュラルウッドロールテーブル クラシック／110／2万1780円／コールマンカスタマーサービス

ビルトインタイプ

一部の天板を取り外し、空いたスペースにバーナーを内蔵できるしくみ。卓上がフラットになり、調理の快適度がアップすることから、近年話題沸騰中です。

🔵フラットバーナーを組み込んで、調理のできるテーブルに！

⬆同ブランドで人気を誇る「フラットバーナー」を組み込める。●スノーピーク／エントリーIGT／2万3650円

拡張タイプ

同じモデルや天板を連結することで、テーブルの面積を広くできます。ソロのときはメインテーブル、複数人のときはサイドテーブルにするなど、用途に合わせられるのが強み。

🔵別売りの天板やフレームを使って連結もできる！

⬆天板は蛇腹式でコンパクトに。硬さがあるため安定感がある。●ヘリノックス／タクティカルテーブルM／2万900円／A&F

シュラフとマットはワンセットで

シュラフはダウンや化繊綿が入った寝袋のこと。中綿の量や質によって暖かさが異なるので、キャンプをする季節に合わせてセレクトしましょう。マットの有無でずいぶん寝心地が変わるので、シュラフとワンセットで購入するのがおすすめです。

《 シュラフ 》

マミー型シュラフ

頭のてっぺんまで覆えるのがマミー型。寒いときは顔周りをすぼめることもできます。体への密着度が高く、保温力に長けています。

→650フィルパワーのダウン入りで暖かい。しなやかな素材で、収納時はコンパクト。●サバティカル／ダウンバッグ350STDグラスグリーンレギュラー／2万4970円／A&F

封筒型シュラフ

封筒型は布団に近い長方形で、窮屈感を感じにくいのが特長。ファスナーで分離できるモデルなら気温に合わせて使えます。

→掛け布団＋敷き布団がコンセプトのシュラフで、3方向のファスナーの開閉で温度調整が可能。●スノーピーク／セパレートシュラフオフトンワイド／2万4200円

ハイブリッド型シュラフ

頭はマミー型、足元に封筒型を採用しているハイブリッド型。高い保温力を備えつつ、足元にゆとりがあってくつろぎやすい形です。

↑結露などで濡れてもすぐに保温力を回復する独自の中綿を使用。0℃まで対応。●モンベル／O.D.スリーピングバッグ#3／1万5950円／モンベル・カスタマー・サービス

↑ファスナーで連結・分割が可能で、人数に合わせて使い分けられる

連結できるシュラフ

使用人数や気温などに応じて、連結・分割できるモデルもあります。ソロ・デュオ・ファミリーといったさまざまなスタイルにマッチします。

→2人で眠れるダブルサイズ。分割もでき、ソロでの使用もOK。●ザ・ノース・フェイス／エコトレイルベッドダブル-7／3万1900円／ゴールドウインカスタマーサービスセンター

（ マット ）

クローズドセルマット

使うときは広げるだけ。他と比べるとかさばりますが、準備の早さと軽さは随一。仮に穴が空いても使用でき、高い耐久性があります。

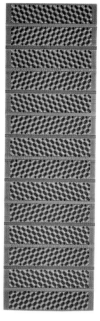

⤴200gの軽さが魅力。半分に折って座布団に、上部だけ折りたたむと枕がつくれる。●キャプテンスタッグ／EVAフォームマット56×182cm／6050円

エアーマット

空気を入れて膨らませます。収納時は軽くてコンパクト。穴空きには注意が必要ですが、ふかふかの寝心地が手に入ります。

⤴19cmの厚みがあり、地面の硬さを感じにくい。ポンプ（別売）を使うと1分で完成。●コールマン／コンフォートエアーマットレス/S／5500円／コールマンカスタマーサービス

インフレーターマット

内側にクッション材が入っていて、弾力性と反発性を兼ね備えています。空気を入れて膨らませますが、半自動膨張するタイプも多く、比較的簡単にセッティングできます。

⤴クッション性と保温性のバランスがいい。枕を固定できるストラップ付き。●モンベル／U.L.コンフォートシステムアルパインパッド25 180／1万3200円／モンベル・カスタマー・サービス

大型インフレーターマット

マットの中にウレタンフォームが入っていて、バルブを開けると空気が入り、自動で膨らむ仕組み。大きさによっては時間がかかりますが、手間は省けます。

⤴ポンプで空気を入れられるので、大型でも楽ちんに膨らませられる

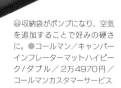

⤴収納袋がポンプになり、空気を追加することで好みの硬さに。●コールマン／キャンパーインフレーターマットハイピーク/ダブル／2万4970円／コールマンカスタマーサービス

こだわりのギアを長く使用するために

キャンプ道具のメンテナンス

比較的高価なキャンプ道具は、長く大切に使いたいもの。正しくメンテナンスをすることで道具の持ちが違ってきます。楽しいキャンプから帰ったら早めに取り掛かりましょう。

撤収時のひと手間で自宅メンテもラクラク

キャンプが終わったあとのメンテナンスは結構な手間です。テントやタープを広げる場所にも困りますし、テーブルからチェア、バーナーと、すべてをきれいにするには、かなりの時間を費やします。撤収するときに乾かしたり、汚れをふきとったりしておくだけでも自宅でのメンテナンスがぐんと楽になりますので、みんなで協力して片付けながら済ませてしまいましょう。

⬆収納袋にしまう前に汚れはさっとふきとっておこう

テントやタープのメンテナンス

キャンプ場でのメンテナンスは簡易的なものなので自宅では仕上げや修理を行います。特にテントやタープは住居になる道具なので、次回も快適に過ごせるよう、チェックは怠らないように。小さな穴でも水漏れや破れの原因になるので、しっかり補修しておきましょう。ポールの汚れを落とすなど、シーズンオフの前にひと通り手入れしておけば、さびつきなどの劣化を防ぐことができます。

⬤ 汚れを落としてよく乾かす

泥などの汚れはカビの原因になりますので、ブラシやぞうきんを使ってぬぐっておきます。物干し竿やベランダに広げてよく乾かし、きれいにたたんで収納袋へ。ときどき折り目を変えると、生地の傷みをおさえることができます。

➡ホースで水をかけて丸洗いもOK

⭕ テントやタープは生地のほころびをチェック

穴が空いていたら専用のリペアシートでふさぎます。小さな穴でもテンション（張力）をかけるとさけるので、早めに修理を。アイロンでくっつけるものや、強力な粘着力のシールタイプのものなどがあります。

↩かわいい柄にカットされたリペアシール。●ギアエイド／ギアパッチ／1980円／モンベル・カスタマー・サービス

⭕ ポールの汚れはさびつきのもと

泥などの汚れはしっかりふきとって、よく乾かしておきます。ポールの中のコードはゴムになっているため経年劣化します。コードが伸びていたら交換しましょう。保管するときはテントといっしょに風通しのよい涼しい場所へ。

⭕ ロープの汚れがひどいときは丸洗いも

テントのロープは、外して保管した方がテントの生地を傷めません。ときどき丸洗いするとすっきりしますし、カビの予防にもなります。中性洗剤でもみ洗いしたあと、よく乾かします。ほつれがひどいときは交換しましょう。

↩ナイロン製は天日に干しすぎると生地が劣化するので注意

⭕ ファスナーやグロメットなど金属部分をチェック

グロメットとは、テントやタープにあるロープを通す穴のこと。ファスナーと同様に金属なので、よく乾かしたあとに浸透潤滑剤を塗って、滑りやすくしておきます。同時にさびつきも防いでくれます。

↪ペンタイプの潤滑剤。ウエアやテントなどにも使える。●モンベル／スムーススライダー／770円／モンベル・カスタマー・サービス

⭕ 縫い目は防水メンテを施しておく

テントやタープの縫い目のシームテープ（浸水を防ぐテープ）がはがれていたら、新しいものに貼りかえます。縫い目にテープがない場合はシームシーラー（防水剤）を塗ってコーティングしておきましょう。テントにも撥水剤を塗っておくと汚れがつきにくく、メンテナンスが楽です。

〜Point〜

長期間使わなかったときは出発前に広げて確認を！

シーズンオフの間にカビや生地の傷み、さびつきなどで劣化していることも。必ず出発前に広げて確認しましょう。同時にロープの数や、ポールの不具合がないかもチェックしておけば安心です。

↩久々のキャンプなら、近所の公園でテントの設置を練習してみよう

商品説明凡例：ブランド名／商品名／価格（税込）／問合せ先（ブランド名と問合せ先が同じ場合は記載なし）
※問合せ先は巻末のP175参照

テントサイトを快適＆便利にする
ファニチャー＆グッズ

基本のキャンプ道具がそろったら、調理の手際をアップする耐熱テーブルや、
夏に大活躍の扇風機など、便利なアイテムを取り入れていきましょう。

**キッチンまわりを
アップグレード**

熱い鍋もOKの
ステンレス製フレーム
◉脚を開くだけで立ち上がる。収納時は厚み約2.5cm。●ユニフレーム／焚き火テーブル／7920円／新越ワークス

焚き火を囲める囲炉裏テーブル
◉軽くて丈夫なスチール天板を使用。●ロゴス／アイアン囲炉裏テーブル／2万2990円／ロゴスコーポレーション・コンシューマー係

やけど防止
対策にも◎

家でもアウトドア
でも便利！

出前オカモチ風
調味料ボックス
◉家庭で使用する醤油ボトルが入る高さ設計で移し替えずに持ち出せる。●テンマクデザイン／ワーカーズオカモチⅡ／2万680円／カンセキWILD-1事業部

小さいけれど
収納力は◎

1台で快適な
キッチンスペースが誕生
◉ランタンを吊るせるハンガー付き。●DOD／クッキングキング／2万2000円／ビーズ

調味料を
持ち運べる
万能ポーチ
◉取り外し可能な小型ケース付きで、卓上に置いておける。●ザ・ノース・フェイス／フィルデンススパイスストッカー／7700円／ゴールドウインカスタマーサービスセンター

商品説明凡例：ブランド名／商品名／価格（税込）／問合せ先（ブランド名と問合せ先が同じ場合は記載なし）
※問合せ先は巻末のP175参照

居心地よさを
アップする収納道具

ラックと組み合わせてスペースを有効活用！

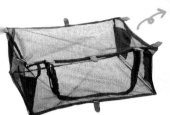

洗った食器や食材置き場に

↩「フィールドラック」下部に吊り下げられる。食材の置き場にも。●ユニフレーム／フィールドラック メッシュBOX ／ 4400円／新越ワークス

道具を収納できる大型コンテナ

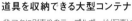

↩フタに別売りのテーブルボード（写真）を設置するとテーブルに早変わり。●トランクカーゴ／ TC-70S ／ 4980円、テーブルボード70S ／ 4950円／リス株式会社

積み重ねて使えるラック

↩クーラースタンドとしても活躍。別売りの天板を使うとテーブルにもなる。●ユニフレーム／フィールドラック／ 4510円／新越ワークス

荷物運びに便利なワゴン

↩荷物運びに便利。タイヤはワンタッチで着脱でき、荷物を入れたままでも車に積み込みOK。メッシュ製。●コールマン／アウトドアワゴンマックス／ 2万4750円／コールマンカスタマーサービス

便利アイテムで
快適に

スタイリッシュな
見た目のゴミ箱

↩4本のポールで自立するゴミ箱。内側に袋を吊り下げるクリップがある。●ゼインアーツ／モビボックス／ 5478円

タープの好きなところにランタンをぶら下げられる

どこにでも
LEDライトを吊り下げOK

↩2つの磁石でタープなどの生地にはさむだけ。●アソマタス／ハングバーガー／ 4180円／ ASOMATOUS

夏もテントサイトを涼しく

↩USB充電式のコンパクト扇風機。テントに吊り下げたり、カメラ三脚などにも設置できる。最大32時間連続運転可能。●クレイモア／ CLAYMORE FAN V600+ ／ 7920円／ BSR

どうしたらいい？

キャンプ道具の修理

「ガスバーナーの調子がおかしい」「テントが破れちゃった」など、
キャンプ道具に不具合があれば、メーカーや小売店に相談してみましょう。

メーカーに問い合わせる

製品の販売元であるメーカーや、製品を取り扱う小売店、代理店などに問い合わせてみましょう。修理だけでなく、パーツの交換などにも対応してもらえることも。大きなメーカーでは修理専用の窓口があり、電話やメールで詳しく相談することができます。海外製品の場合は、本国へ送付して修理できる場合があり、製品が戻ってくるまで半年くらいかかることもあります。

↖破れてしまったテント ↙メーカーで修理をしてもらったあと（写真提供／コールマン）

コールマンの製品はコールマン直送修理受付センターで修理が可能。お気に入りの道具を永く愛用しよう！（☎0120-999-050）

オモテ　　　　　ウラ

小売店に相談する

製品を購入した小売店に相談してみましょう。キャンプ道具を専門に扱う店舗の場合、購入したときのレシートを提示すると修理やパーツの交換を行ってくれることがあります。修理やパーツの交換は小売店の会員限定のこともあるので、キャンプ道具を選ぶときはどんなお店から購入するかも検討しましょう。

点検してみましょう

ちょっと調子が悪くて……

➡小売店によってはその場で修理してくれることも。製品を持参して相談してみよう

CHAPTER 03

知っておきたい！
キャンプテク

居心地のいいテントサイトづくりのコツや
役に立つテクニックをおさえておきましょう

住空間をデザインする

快適なテントサイトをつくる

1日を過ごす場所だからこそ、テントサイトの場所選びやレイアウト方法は重要です。
ポイントをおさえて、快適なテントサイトをつくり上げましょう。

テントサイトを選ぶときのポイント

　例えば、山間部のキャンプ場なら、真夏は木陰が多くて涼しい場所、秋から初冬は日当たりがよくて暖かい場所など、キャンプ場や、季節によってもテントサイトの選び方は変わります。下にポイントとなる項目を挙げましたが、何よりも経験がものをいいます。いろいろなキャンプ場で過ごしてみて、テントサイトを選ぶコツをつかみましょう。

⬆テントサイトは基本的に早い者順に埋まっていくので、早めの到着を心がけよう

平らなところを選ぶ

でこぼこが多いと、雨のとき、くぼみに水が溜まってしまいます。少し傾斜がある場所では、テントの入口が低くなるように設置しましょう。テントを設置する前に、大きな石を取り除いておくと、寝心地がよくなります。

水辺は要注意

川辺のキャンプ場は、天気予報をチェックしてから、テントサイトを選びましょう。雨が降りそうなら、川が増水する可能性もあるので、少し離れたところに設置します。海辺は風が強く、砂が飛んでくることがあるので要注意です。

周辺の環境は？

トイレや駐車場、管理棟などが近いと、人の出入りが多くて落ち着きません。ただし、ファミリーキャンプはトイレが遠いと移動が大変です。同行者やキャンプのスタイルを考慮しながら、周囲の環境を選びましょう。

木を上手に利用する

木立は風よけや木陰、物干しロープをかけるなど、いろいろと便利に使えますが、木のようすをしっかり見極めること。立ち枯れている木には近寄らないように。よい木があっても独占せず、周囲の人と譲り合って使いましょう。

テントサイトの設営の手順

まず最初にタープとテントの位置を決めてから、キッチンやリビングなどを組み立てていきます。いちばん重要なのは風向き。テントは中に風が吹き込まないように、タープは風が抜けるように設置しましょう。設営に慣れてきたら、日当たりも考慮しましょう。1日の太陽の動きを考えて、リビングが日陰になるようにタープをセッティングします。

↑風向きや動線だけでなく、くつろげる雰囲気も大事！

1. タープを張る

テントサイトの要。全体の構成を考えた上で、タープの位置を決定。一度設置してしまうと動かすのが難しいので、布を広げてシミュレーションしよう。

2. テントを立てる

テントはペグで固定しなければ動かせるので、キッチンのレイアウトと合わせて微調整も可能。オートキャンプで車の位置を移動させるならこのとき。

3. キッチンをつくる

キッチンはタープの外へ。オートキャンプなら車からの動線も考えて設置する。バーナーやグリル、作業台を設置してからクーラーボックスなどの小物を配置。

4. リビングをつくる

3と4は順番が逆でもOK。リビングはタープの下へ。リビングの両脇を空けると開放的、テントやキッチンで囲むと独立性を重視したレイアウトに。

5. 設営完了

焚き火台やごろ寝用のシートなどを配置して設営完了。大物の設営がすべて完了してから、ランタンや調理器具を取り出せば、壊れる心配も少ない。

Point

タープの設置と風向き

ヘキサタープやスクエアタープは、前後に風が抜けるように設置します。横から風を受けると倒れることもあるので注意。

↑前後で高さが違うタープは、風の入口を高くしておく

テントの設置と風向き

テントの出入口を風下に設置します。テント内に風が吹き込むと持ち上がったり、ポールに負担がかかったりするので注意。

↑テントの背面で風を受ける。横風だと入口の布が暴れることも

車なしフリーサイト

テントとタープを直線で結ぶなどして、テントサイトの主軸を決めるとレイアウトしやすくなります。下の図のようにキッチンを主軸の脇に設置すると、となりのサイトとのパーテーションになってパーソナルスペースを確保できます。また、テントと

タープ、キッチンが三角形を描いているので、それぞれにアクセスしやすいのもポイントです。テントとタープの延長線上にキッチンを設置し、リビングの両脇を空けておくとより開放感のあるレイアウトになります。

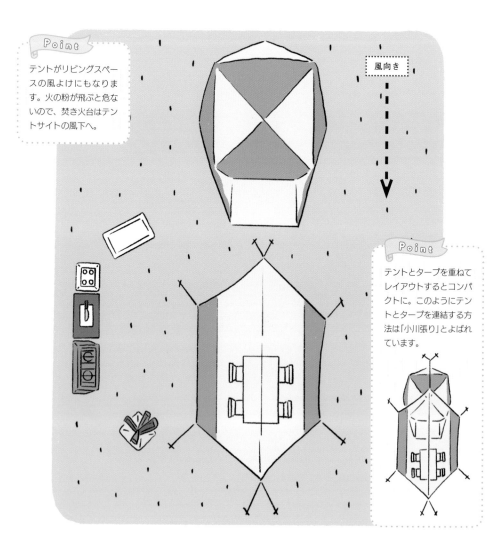

Point

テントがリビングスペースの風よけにもなります。火の粉が飛ぶと危ないので、焚き火台はテントサイトの風下へ。

風向き

Point

テントとタープを重ねてレイアウトするとコンパクトに。このようにテントとタープを連結する方法は「小川張り」とよばれています。

車あり区画サイト

下の図のレイアウトは、テントが横から の風を受けないように車を風よけに使って いますが、風が強くなければタープの横に 車を置いてもよいです。車とキッチンで タープをはさむと、独立性の高いレイアウ トになるので、通路に近い場所や区画サイ トがせまい場合に有効です。コンパクトに まとめたいときは、テントとタープをつな げ、その延長に車を配置します。駐車スペー スが固定されているキャンプ場の場合は、 車を中心にテントやタープの配置を考えま しょう。

風向き

> Point
>
> 車のトランク部分をテントサイト側へ向 けておくと便利。出し入れが楽で、荷物を 置いたまま棚としても使えます。

マイテントサイトづくりの参考に！

テントサイトコーディネート集

インスタグラムなどで人気のキャンパーさんたちのテントサイトを紹介します。
テントとタープの組合せや、タープの使い方、カラーリングなど個性豊かな技が光ります。

開くだけで
簡単な
カールーフテント

あゆ♂さん
静岡県　キャンプ歴3年
@ayumi_camp

シェルターをリビングにして、カールーフテントで寝るスタイルにハマっています。空間を分けることでゆったり過ごせて、就寝時は他の方の歩く音が気にならなくなりました。モノトーンのカラーをベースに、高級感のある輝きが魅力のステンレスギアを合わせるのが好きです。

⬆幕はGOBOのモビドーム

⬆バーナーを組み込めるスタンドもお気に入り

愛車デリボーイも
キャンプ旅の
相棒

YUUCAさん
広島県　キャンプ歴8年
@yuuca__mp

林間ではブラウン〜オレンジ系、冬はグレー系のアイテムでまとめるなど、ロケーションに合わせく、テント、ギア、夫婦ふたりのファッションをスタイリングするのも醍醐味。ギアは風合いや質感に注目して選んでいます。

⬆特に木製やビンテージ感漂うギアが好み

⬆お気に入りのクラシックなランタン

エッジの効いた
たたずまい

1496_tak さん
北海道　キャンプ歴33年
@1496_tak

ベージュ色やカーキ色の落ち着いた
アースカラーがベース。派手なカ
ラーは差し色程度におさえて、統一
感が出るようにしています。また、
キャンプサイトが散らかって見えな
いように、ゴミはシンプルなバス
ケットに入れて目立たないようにす
るのもポイントです。

⬆冬は暖を取りつつ炎のゆら
めきを堪能

⬆音と光を操るスピーカーも
癒やしのギア

没入できる
自分空間

SHOTAさん
鳥取県　キャンプ歴10年
@mrn___39

ほどよいミリタリーにレトロストライプで味付け。キャンプサイトは自己満足の世界。惚れ込んだギアに囲まれる自分好みの空間づくりにこだわっています。周りに人がいないときは、お香を焚いたり、好きなサウンドを流したりして、癒やしの要素をプラスしています。

⬆シンプルなサイトが一瞬で垢抜けるレトロストライプ柄に夢中 ➡良質なスピーカーもお供に

きれいに張るにはコツがある！
タープを張ろう

ここでは初心者でも張りやすいヘキサタープの張り方を紹介します。コツをつかめば1人で張ることもできるので、練習してみましょう。

設営レクチャー！

永松 悠佑／スノーピークスタッフ。登山・キャンプが大好き。

ヘキサタープのパーツと道具

ヘキサタープは、本体の布を2本または4本のポールで設置します。ポールだけでは自立せず、ロープでテンション（張力）をかけて布を張ります。しっかりテンションをかけて張るために、ペグは鉄製のものなど、頑丈なつくりのペグを使うのがおすすめです。

➡️①タープを収納する袋　②タープ本体の布　③ポール　④ロープ　⑤ペグを打つハンマー　⑥ペグ　⑦ポール、ペグを収納する袋

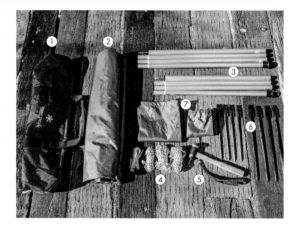

完成図

ポイントはポールの角度。20度ほどタープの内側に傾けた状態がベスト。ポールを傾けるとタープの背の部分にしっかり力がかかり、きれいに張れます。地面に対して垂直にポールを立てると、布にテンションがかからず、風にあおられて倒れてしまうこともあるので注意しましょう。

ピンと張った本体の布

ポールは20度タープの内側へ

⬆️しっかりテンションをかけて張ると崩れにくい

ヘキサタープを張る手順

1. タープを広げて設営する場所を決める。タープ中央の延長線上にポールを置く。

2. タープ中央の延長線上から、右に90度のところへポールを移動させる。ポールの先にペグを打つ。

3. タープ中央からロープを伸ばしてペグにかける。タープ中央から左側も2と3を同様に。

4. ポールを戻してタープ中央の先端にかける。反対側のタープ中央にも1〜3を同様に。

5. ポールを立てる。ポールの先で地面に半円を描くようにするとスムーズに立てられる。

6. 反対側のポールも立てたら、残りのロープをペグダウン（ペグでロープなどを固定）する。

7. すべてのロープをペグダウンしてから、タープの布が均一に張るように自在金具を調整する。

Point

ロープは布から垂直に引きます。自在金具は対角線上にあるロープごとに調整すると、張力がかたよりにくくなります。

きちんと立てると住空間が広くなる

テントを立てよう

ドーム型テントは2本のポールで設営するシンプルな構造。手順を覚えてしまえば簡単に設営できますが、布にシワをつくらず、きれいに立てるにはちょっとしたコツがあります。

ドーム型テントのパーツと道具

ドーム型テントは交差した2本のメインポールで立っています。テントによっては、前室をつくったり居住空間を広げたりするためのサブポールが付属します。また、ほとんどのテントがインナーウォール（テント本体）にフライシート（外張り）をかける二重構造になっています。

⬆①テントを収納する袋　②フライシート（外張り）　③インナーウォール（テント本体）　④ポール　⑤ペグを打つハンマー　⑥ペグ（※ロープはフライシート、インナーウォールに付けた状態）　⑦ポールを収納する袋

完成図

インナーウォールを立てたあと、フライシートをかけてペグダウンします。テントの向きはフライシートをかける前に微調整しておきます。1人でも設営できますが、ポールの固定やフライシートをかぶせるときは、左右対称の動きなので、2人で協力するとスムーズに進められます。

⬆ドーム型テントは設営が簡単で、居住空間が広く、初心者におすすめのテントだ

ドーム型テントを立てる手順

1. まず、インナーウォールを広げて設営する場所を決める。インナーウォールの入口は少しだけ開けておくと、テントを立ち上げるときに膨らみやすい。

2. スリーブ（筒状になった部分）へポールを押し込むようにして入れる。もう一方のポールも同様に押し込む。2本ともポールを通すだけで、固定はしない。

3. 片方のポールを力をこめて押し込みながら、ポールの先をテントの隅に固定する。もう一方のポールはテントを持ち上げるようにして押し込み、同様に隅に固定する。

4. サイドフレーム（入口の上部を支えるポール）など、サブポールがある場合は、スリーブに通して固定する。ここまでの手順で、ポールによるテントの組み立ては終了。

5. インナーウォールが完成したところ。この上にフライシートをかけて固定する。このような二重構造のテントのことを、ダブルウォールテントとよぶこともある。

6. インナーウォールの上にフライシートをかける。2人で作業するときは、シートの前と後ろを2人で持って、横からすべらせるようにしてかけるとスムーズ。

続きは次のページへ

7. フライシートをポールとテントの四隅に固定する。前室をつくるフレームもスリーブに通して固定する。

8. テントの四隅をペグダウンする。強風のときはインナーテントを広げたときに軽くペグダウンしておくと安心。

9. ロープはポールの延長線上にペグダウンすると、しっかり固定され、布をシワなくピンと張ることができる。

10. 張力が均一になるように自在金具で張り具合を調整する。対角線上のロープごとに調整すると、テントがよれにくい。

Point

2の手順中、ポールを組み立てながらスリーブに通すと、作業しやすくなります。前もってポールを組み立ててしまうと、長くて扱いにくく、また、スリーブに通しているうちに、ジョイント部分が外れやすくなります。

3の手順中、ポールをテントの四隅に固定するとき、かなり力強くポールを押し込まないと、固定できません。しっかりかがんで作業すると、ポールの先を腹で支えられるし、テントがぐらつかないので固定しやすくなります。

テントをきれいに立てると、快適さUP

　きれいにテントを立てることは、快適さにつながります。たとえば、フライシート（外張り）の張り方。四隅や側面の布をシワなくピンと張ることで、インナーウォール（テント本体）との間に空間ができ、雨が染みてくることや結露を防ぐことができます。また、シワなく、きれいに立てると、特に入口付近はすっきりとして、空間を広く感じられるはずです。

⤴きれいに立てたテントは見た目も美しい（画像提供／スノーピーク）

慣れてきたらタープとテントをセットで設営しよう

　はじめてのキャンプで、どちらも組み立てようと思うと、かなり時間がかかってしまうことも。デイキャンプでタープを、お泊まりキャンプでテントを立てて、何度か練習しておきましょう。それぞれの設営に慣れてきたら、いざ、タープとテントをセットで設営！　単独で立てていたときと違って、十分な空間が必要になるため、場所決めはじっくりと。タープとテントの配置も検討しなくてはいけないので、設営手順だけでも身につけておくと安心ですよ。

⤴タープとテントの配置は、キャンプ場の広さや、日差し、風向きなどで何通りにも。その時々に合わせて配置することになる（画像提供／スノーピーク）

これでヨレヨレテント知らず！

ペグの正しい使い方

ペグを使ってロープをきちんと張ると、テントやタープのシワを伸ばせて
見た目も美しいですし、朝露や結露がたまりにくくなります。

ペグを最大限に生かす

ペグはテントやタープのロープ
を地面に固定する道具です。多く
の人が利用する道具ですが、きち
んと使えていないとロープをピン
と張れなかったり、地面から抜け
やすかったりします。正しい使い
方を覚えておきましょう。庭など
で練習するのもおすすめです。

⬆️ペグの位置を決めるときは、周辺のサイトにも気をくばろう
⬅️ペグの素材はいろいろ。左はアルミ製で軽くて扱いやすい。テン
トにおすすめ。右は鉄製。頑丈で抜けにくいので、張力がかかるター
プに使う

ペグを打つときのポイント

専用のハンマーと軍手があると便利です。しっかりと
ペグを打ち込んで抜けないようにします。周囲に人が
いないことを確認してから作業しましょう。

➡️ペグを打つときはタープや
テントを背にして。ペグの角度
を決めやすく、力を入れて打ち
込むことができる

ペグの角度は45度を目安に

ペグは常にロープに引っぱられているので、抜けにくい角度（45度）でしっかり打ち込んでおく必要があります。角度が間違っていると、ロープのテンションに負けて、簡単に抜けてしまうので注意しましょう。

×まっすぐに打ち込む
地面に対して垂直に打ち込むのは間違い。ロープに引っぱられるとすぐにペグが抜けてしまう。

○少し傾けて打ち込む
地面に対して45度くらいに、ロープとは反対側に傾けるのがポイント。引っぱられても抜けにくい。

ロープの調整はペグを打ったあと

自在金具でロープの張り具合を調整するのは、すべてのペグを打ってロープを固定してから。先に調整してしまうと、張り具合がかたよってしまいます。対角線上にあるロープを交互に調整していくと、きれいに張ることができます。

フライシートにもペグを
テント本体やフライシートにもペグを打つ。風で飛ばされるのを防ぎ、結露もしにくくなる。

張り具合を見ながら調整
一気に張らず、少しずつ締める。張力が均一になって、バランスよく張ることができる。

ペグを簡単に抜く方法

ペグにかかったロープで引っぱって抜こうとすると、ロープを傷めてしまいます。ペグ打ち専用のハンマーなら、ハンマーの頭にペグ抜きがついているので、これを利用しましょう。軟らかい地面ならハンマーにペグをかけて引っぱるだけでも抜けます。固くてなかなか抜けないときは、てこの原理を利用しましょう。

フックを引っかけて抜く
ハンマーの頭にフックがある。地面が硬いと反動があるので、周囲に人がいないときに作業しよう。

穴にペグを通して抜く
細いペグに有効。プラスチック製のハンマーは、枝の部分にペグ抜き用の穴があることが多い。

ペグ同士で抜く
ペグを両手で持ち、地面に刺さったペグに引っかけて抜く方法。硬い地面だと抜けにくいので注意。

きほんのロープワーク

テントやタープには必ずロープがついています。ロープを結んだり、つないで長くしたりするなど、いざというときにロープワークが必要になるので、覚えておきましょう。

さまざまな場面で活用できるロープワーク

ここで紹介しているのは基本のロープワークで、どれも覚えておきたいものです。何度も練習して結び方と形を身につけておけば、いざというときに役立ちます。ロープワークに慣れてくれば、たとえば、ボーライン・ノットで物干しロープをかけたり、薪を束ねたりと、1つの結び方をいろいろな場面に応用することもできます。基本のロープワークで物足りなくなったら、専門書を買って勉強するのも楽しいです。

こんなときに使える！

- □ ロープの先がほつれた　→p.75
- □ 2本のロープをつなぎたい　→p.77
- □ ロープで輪をつくりたい　→p.76、78、79
- □ 木にロープをくくりたい　→p.79
- □ ロープを何かに引っかけたい　→p.76
- □ 自在金具が壊れた　→p.78

⬆ちょっとしたときに使えるように練習しておこう！

Point

ロープの先は処理しておこう

ロープを切ると先が毛羽だってほつれやすくなります。ライターの火であぶって溶かすと、毛羽だった部分がくっついて簡単にまとまります。ほつれが大きくなる前に、早めに処理しておきましょう。

ロープの先をライターであぶる

温かいうちに先を整える（やけどに注意！）

ロープの先がまとまって完成

フィギュア・エイト・ノット（8の字結び）

8の字結びともいい、その名の通り8の字を描くだけ。ロープワークの基本中の基本なので、練習して覚えましょう。ロープの先にこぶをつくることができるので、タープやテントの穴からロープが抜けないようにするときに使えます。

↑8の字結びは、ふつうの固結びよりもこぶが大きめ

1. ロープの先を穴から引き出します。

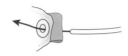

2. ロープで8の字をつくります。

3. ロープの先を輪から引き出します。図のように、輪の下から引き出すのがポイント。

4. 左右のロープを引いて結び目を締めます。

5. 大きめのこぶができるので、穴からロープが抜けにくいです。左右のロープが平行に並ぶと美しい結び目になります。

ダブル・フィギュア・エイト・ノット

結び目のつくり方は、フィギュア・エイト・ノット（→p.75）と同じ。ロープを折り曲げたところで結び目をつくるため、2本のロープを重ねてフィギュア・エイト・ノットをつくることになります。ロープの途中につくった輪を、木の枝やポールなどに引っかけて使えます。

⬆2本のロープで8の字結びをつくる

1. ロープを2つに折り曲げたあと、輪になっている部分を、ロープの上に交差させます。

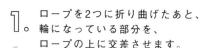

2. 赤の部分を少し引っぱります。すると、外側にあった青い部分が内側に入ってきます。

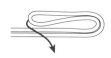

3. 青い部分が内側に入ったら、輪の部分をロープの下にくぐらせます。

4. 8の字を描くイメージで、輪の部分を図のようにくぐらせます。

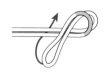

5. くぐらせるとき、黄色い部分が上になるように注意します。

6. 左右のロープを引いて結び目を締めます。

7. 完成。2で青い部分、5で黄色い部分に気をつけると、美しい結び目になります。

⬆結び目完成　　⬆結び目を裏から見たところ

> **Point**
>
> 注意しておきたいのは2と5の行程。2で青、5で黄色い部分を上に重ねないと、右の図のようにねじれたり、ひきつったりして、結び目の形が崩れてしまいます。
>
>

フィッシャーマンズ・ノット

テグス結びともいいます。2本のロープを
強固に結ぶことができるので、ロープの長
さが足りないときなどに重宝します。結び
目が左右対称にできあがって、美しい結び
目になります。

⬆ふつうの固結びより、引っぱってもほどけにくい

1. 2本のロープの先を交差させます。
長さをそろえておきます。

2. 左のロープの先を、右のロープに結びます。
図のように上から右巻きに結びつけると上手にできます。
左右にロープを引いて結び目を締めます。
この結び目をオーバーハンド・ノットといいます。

3. 右のロープの先を、
左のロープに結びます。
図のように下から左巻きに結ぶので、
2と左右対称の動きです。

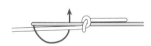

Point

3の結び目を右巻きでつくってし
まうと、結び目が左右対称にならな
いので、ねじれてしまいます。

○

×

4. ロープの結び目を締めたら完成。
表から見ると左右対称に、裏から見るとロープがそろっています。
ロープの先が少し残っているとほどけにくいです。

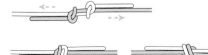

⬆結び目完成　　　⬆結び目を裏から見たところ

トートライン・ヒッチ

自在結びともいい、結び目を動かせるのが特徴です。テントやタープのロープの張りを調整する自在金具として使える結び目です。

⬆自在金具が壊れたときに使ってみよう

1. ペグにロープを通し、ロープの先を上から2回巻きつけます。

2. ロープを引いて巻きつけた部分を締めたあと、その部分より右側のところにロープを上からかけます。

3. ロープの先を、図の矢印のように、輪の中に通します。

4. ロープの先を引いてしっかり締めます。結び目を上に動かすとロープがピンと張り、結び目を下に動かすとロープがゆるみます。

Point

トートライン・ヒッチは、下記で紹介するツーハーフ・ヒッチの応用編。結び目が固く、ほどけにくいのが特徴のツーハーフ・ヒッチもおさえておきましょう。

① ロープの先を向こう側へ回して、下から巻きつけます。

② 下から巻きつけるとき、矢印のように、左側を通るようにします。この結び目をハーフ・ヒッチといいます。

③ ②でつくった結び目より右側で、もう1回ハーフ・ヒッチをつくります。

④ ロープの両端を引いて結び目を締めて完成。摩擦が大きく、ほどけにくい結び目です。

ボーライン・ノット

もやい結びともいい、ロープを何かに結ぶ
ときに使います。結び方も簡単なので、ター
プをポールではなく木で張ったり、物干し
ロープを木にかけたり、いろいろな用途で
使ってみてください。

⬆薪を束ねるのにも使える

1. ロープの途中に
輪をつくっておきます。
ロープの先を木の幹などに巻きます。
輪と木の幹の距離（右図の黒い矢印）が
近いと、しっかり木に
くくりつけることができます。

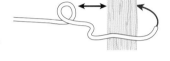

2. ロープの先を輪の中に通します。
ロープの先は、長いロープの
向こう側へ垂らします。

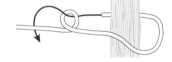

3. ロープの先を、
長いロープの下にくぐらせて、
もう一度、輪の中に通します。

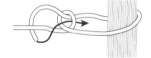

4. ロープの両端を引いて
結び目を締めます。

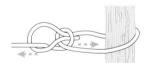

5. 完成。
ロープの先は少し長めに
残しておきます。
あまり短いと、ほどけやすくなります。

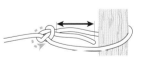

テント内のごちゃごちゃをスッキリ解消！

テント内の空間利用術

テントの中は必要最低限のものだけ持ち込めばスッキリして快適な場所になります。ここでは整理整頓のポイントを紹介します。

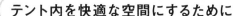

テント内を快適な空間にするために

　夜には寝室になるテント。衣類や小物が散らばらないように、こまめに片付けることが大事です。また、マットやランタンなどのキャンプ用具をおしゃれにこだわるのもよいでしょう。

➲テント内は、着替えや昼寝、読書など、何にでも使えるように、常に荷物をまとめておこう

便利なグッズで簡単整理

　キャンプ用品店には収納袋やケースなど、便利な収納グッズがたくさんありますのでチェックしてみましょう。ビニール製の買い物袋でも代用になりますが、引っか

けるとすぐにやぶれてしまいます。綿製の袋は乾きにくいので濡らさないように注意。安心なのはナイロン製で、うすくてとても丈夫です。

スタッフザック

ナイロン製の収納袋。コードストッパーがついていて、袋を閉じるのも簡単。濡れにくいコーティングや、防水性の高いものなど、必要に応じて機能を選ぼう。

⬆モンベル／ライトスタッフバッグセット／5280円／モンベル・カスタマー・サービス

ネットやロープ

ネットはテントのオプションで別売りされている。テントの多くには天井近くにフックや小さい輪があるので、それに引っかけてネットを張ることができる。

⬆モンベル／オプショナルロフト ドーム用／2619円／モンベル・カスタマー・サービス

商品説明凡例：ブランド名／商品名／価格（税込）／問合せ先（ブランド名と問合せ先が同じ場合は記載なし）

テント内のアイテムとその活用法

テント内に持ち込むアイテムは、着替えなどの衣類、ランタン、シュラフなど夜に必要なものや濡らしたくないものだけに留めましょう。夜はもちろん真っ暗なので、ものの配置や活用方法を事前に予習しておくことをおすすめします。

テントの天井に
ロープを張るととっても便利

天井にループ付きのロープ（ハンギングチェーン）を張ると、ランタンや濡れたタオル、めがねなど、地面に置きたくないものをぶら下げられます。あまり重いものをかけるとテントが傷むので注意。

枕元には水と照明を
用意しておく

真夏の夜は水分補給も大事。水と照明はそれぞれの枕元に用意しておくと、夜中にテント内を探し回らないで済みます。1つの懐中電灯を使うなら、出口のそばなど、わかりやすい場所に置きましょう。

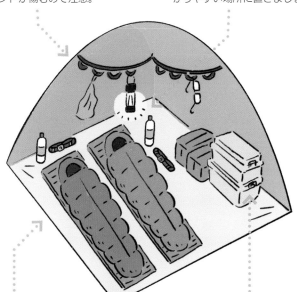

シュラフはテント奥に頭を
入口に足を向けるように配置する

入口側に頭があると、テントを出て戻ってきたときに、頭を踏まれてしまう可能性も。必ずテント奥に頭が向くように配置しましょう。起き上がったとき、入口に顔が向いているので出ていくのも楽ちんです。

スタッフザックやコンテナに
衣服や小物を収納する

濡らしたくない衣類や小物はテントの中へ。スタッフザックやコンテナに収納するとすっきりします。寝るときの邪魔にならないよう、スタッフザックやコンテナはテントの端に配置しておきましょう。

雨でも快適に過ごす工夫

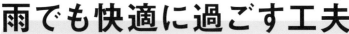

夏のキャンプでは夕立に遭遇することも。自然の営みを感じられるせっかくの機会です。
快適に過ごせるように、雨対策をしっかりしましょう。

きほんは雨水をためないこと

テントサイトは急に変更できるものではありません。くぼみがあると水がたまってしまうので、雨の予報があるならサイト選びは慎重に。また、テントの上に小さな池ができてしまったり、タープから落ちる水が同じ場所に集中したりして、雨水が1カ所にたまると面倒が増えます。雨が降る前に、テントやタープの張り具合を点検しておきましょう。

➡雨が降ると風が強くなることも。
しっかり立てておくと、風で倒れる
心配も少なくなる

● テントやタープをシワなく張る意味

シワなく張るべき理由は、倒れにくい、見た目に美しいなどの理由だけではありません。シワなく張れば、多少の水はきれいに流れてくれます。雨水がたまると水の重みでテントが崩壊することも。ポールの負担にもなるので、水をためないようにしましょう。

➡水がたまりやすいのは入口。出入りしたあとはよれていないか要チェック！

● テントの入口などのパネルは、内側に巻き込んでおく

テントの入口などのパネル（ドアパネル）は、ふだんは外側に巻き上げておくことが多いですが、雨が降りそうなときは、内側に巻き上げ直しておくのがおすすめです。外側に巻くと雨水がたまってしまうことがありますが、内側に巻いておけば雨水が流れ落ちてたまりにくくなります。

テントやタープの
角度を変えて雨をよける

リビングスペースに雨が吹き込むときは、一方を下げて雨よけにします。西日が強いときやパーソナルスペースを確保したいときにも便利です。テントの入口の布を跳ね上げてタープにする場合は、角度を下げて軒下のように使います。

↑ポールを外してペグダウンする。ポールを短くするだけでも効果あり

荷物は地面から
離したところに置く

コットやベンチなどで、荷物を底上げしておくと安心です。テントの前室に余裕があれば、コットごと荷物を移動させて雨やどりさせます。使わない道具は、テントや車の中へ避難させてしまうのも手です。

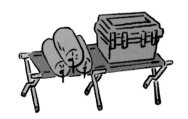

↑荷物を底上げするときは平らで安定した場所を選ぼう

予備のポールで
雨水の道をつくる

予備のポールがあれば、タープの中央付近に立てて、布を持ち上げます。タープがより張るので、雨がたまりにくくなります。もしくは、どこか１カ所をペグダウンして布を下げると、雨が流れやすくなります。

テントのグランドシートは
敷き方に注意！

テントの下に敷くグランドシートは、テントからはみ出さないように気をつけます。はみ出しているとそこから水が入り込み、テントの下がプールになってしまうので要注意。テントの下へ少し折り込むぐらいがちょうどよいです。

撤収は大きなゴミ袋で
一気に片付ける

テントやタープは大きなゴミ袋に放り込んでしまえば楽ちん。濡れたまま小さな収納袋に詰め込むと、摩擦やシワで生地を傷めます。その他の道具もゴミ袋にまとめて車の中へ。雨の中の撤収は丁寧さよりも、スピードを重視しましょう。

Point
大雨ならあきらめも肝心

少しの雨ならテントサイトを工夫したり、テントでゆっくり過ごしたりするのも楽しみのうち。しかし大雨のときは、テントサイト内に川ができたり、タープが崩れたりして、ケガや事故につながることも。特に風をともなうときは要注意。テントなどが吹き飛ぶと危険なので、潔くあきらめて撤収しましょう。

夏・冬、それぞれに悩みがあります

暑さ・寒さに負けない工夫

夏に涼しく、冬に暖かく過ごせるように、＋αのグッズでいつものキャンプにひと工夫。
四季を通して快適なキャンプを目指しましょう。

夏は熱や日差しをやわらげる

特に気をつけたいのが熱中症（→p.168）。海辺や街中にあるキャンプ場は大変蒸し暑いので水分補給を忘れずに。山間部や標高の高いキャンプ場は夏でも涼しいとはいえ、日差しの厳しさは変わりません。帽子をかぶるのはもちろんのこと、テントサイトにも日差し対策をして、直射日光を長時間浴びないように気をつけましょう。

◉ 扇風機や冷感グッズなどで暑さ対策を！

扇風機は卓上タイプや自立式タイプなど、コンパクトなサイズ感で充電式のものもあります。保冷剤入りのバンダナなどの冷感グッズを使ったり、寝具には接触冷感のある敷きパッドなどを利用したり、日常で使っているものを活用するのもおすすめです。

◉ドラッグストアなどにも冷感グッズはたくさん。これは凍らして首に巻いておくとひんやりするアイテム

◉ コットを使えば蒸し暑い夜も涼しい

蒸し暑い夜にはコットがおすすめ。通気性がよく、温まった地面から離れたところで寝られるので寝苦しさから解放されます。日中は木陰などでコットを使えば最高のお昼寝ベッドになります。

◉ロゴス／neos FDコット／1万4800円／ロゴスコーポレーション・コンシューマー係

◉ タープは太陽の軌跡を予測して張る

注意したいのは日の出と日の入りのとき。ともに日差しが斜めから差し込んでくるので、テントサイトを直撃します。タープの前後を南北に向けておくと、西日がきつくなってきたら、一方のタープを下げてさえぎることができます。

商品説明凡例：ブランド名／商品名／価格（税込）／問合せ先（ブランド名と問合せ先が同じ場合は記載なし）

冬は寒さを遮断して暖かさを保つ

ウエアはレイヤリング（→p.30）が重要です。重ね着することで寒さを寄せつけず、服の間の空気の層が暖かさを保ちます。山間部のキャンプ場などは初秋から雪がちらつくこともあるので、冬用のダウンジャケットやシュラフに加え、ストーブや湯たんぽを用意するなど、しっかり冬支度をしてキャンプに臨みましょう。

テント内は銀マットで冷気を遮断

地面からの冷えも大敵です。マットだけでは心許ないときは、銀マットをテントの全面に敷き詰めてしまうのがおすすめ。銀マットはウレタンに銀色のシートが貼られたもので、冷気をしっかり遮断してくれます。

⟵ウレタン付きの銀マットはさらに暖かい

キャンプ用のストーブを使う

近年、キャンプ用のストーブは種類もサイズも多様。なかでも、カセットガス式のストーブ（写真）は小型で持ち運びに便利です。薪ストーブや石油ストーブはサイズが大きめでメンテナンスなどの面からも上級者向けですが、暖かさには申し分なし。冬キャンプに必須のアイテムです。

カセットガス式

⟵FORE WINDS／MULTI HEATER／4万9800円／岩谷産業お客様相談室

足元から温めると夜もぐっすり

寒くて眠れないときは、足元をしっかり温めます。ジャケットやフリースなどを足に巻きつけたり、足元にブランケットやマット、バッグなどを敷いたりして、とにかく冷気をシャットアウト。足元だけカイロを使うのも効果的です。

⟵ジャケットやフリースは寝袋の中で巻く。ブランケットやマットは腰まで伸ばせると体が温まりやすい

コスパ最強の湯たんぽも◎

体が全然温まらないときには、湯たんぽをつくりましょう。お湯を入れるだけでポカポカ。シュラフに入れたり、膝掛けの上に載せたり、使い道もいろいろ。光熱費の節約にもつながり、コストもおさえられます。

⟵ロゴス／どこでもソフト湯たんぽ（収納袋付き）／7800円／ロゴスコーポレーション・コンシューマー係

野外キャンプにつきもの

何とかしたい！虫対策

自然の中で過ごすので、いろいろな虫と遭遇してしまうのは仕方のないこと。
虫に刺されてしまって嫌な思いをする前に、予防線を張っておくのが大事です。

刺される前に予防しておこう

夏のキャンプ場ならどこでも、必ず蚊やアブなどの虫がいます。刺される前に虫除けスプレーでガードしておきましょう。あまり暑くないときは、長袖と長ズボンを着てしまうのも手です。刺されてしまったときは、かきむしらないで、薬を塗りましょう。

➥キャンプ場へ入る前に
シュッとひと吹き

COLUMN

キャンプ場で出合う虫たち

蚊はどこでも見られますが、自然の多いキャンプ場で出合いやすいのはアブとブヨ。アブは2〜3cmの大きさで、小型のハチほどあります。蚊に見られる針のような口をもたず、皮膚をかみ切って血を吸います。そのため、ちくっとした痛みが走ります。ひどく腫れることもあるので、水で洗い流して消毒しましょう。ブヨはブユ、ブトともよばれ、見た目はコバエに似ています。アブ同様、皮膚をかみ切って血を吸うので、体は小さくてもかゆみは三者の中で最強です。できれば

ポイズンリムーバーで毒を吸い出した方がよいでしょう。虫刺されの薬は、抗ヒスタミン成分を含むものを使います。症状が悪化する前に、病院で治療しましょう。

⬆左から蚊、アブ、ブヨ。日中よりは朝晩の涼しい時間に出現する

虫対策に有効なグッズ

虫除けスプレーなど、個人をガードするアイテムと、テントサイト全体に効き目のある蚊取り線香などを併用すると安心です。また、テントの入口付近に蚊取り線香を置き、入口のメッシュに虫除けスプレーやオイルをかけておくと、虫が寄りにくくなります。近年はハーブを使った天然素材の虫対策グッズも増えています。

蚊取り線香

自宅で使っている蚊取り線香でもOK。ただし、風が強いときには煙が吹き飛んでしまうので要注意。ほかにも虫が嫌いな成分を練り込んだキャンドルや、広範囲に広がる蚊取り線香、持ち運びに便利な携帯型など、アウトドア仕様のものがたくさんあります。

⬆野外専用の強力な防虫線香。虫を寄せ付けない煙を出す。プロの林業家も愛用する名品。●児玉兄弟商会／携帯防虫器／オープン価格

虫除けオイル

ハッカ油や天然成分100％のオイルを使用したスプレーなど、使い心地や香りを楽しめるものがあります。市販の虫除けスプレーもべたつかないタイプや、ひんやりするタイプ、子ども用の使い心地がやさしいタイプなどさまざま。自分に合ったものを選んで。

⬆北見ハッカ通商／ハッカ油スプレー10ml／1080円

⬆パーフェクトポーション／バズオフ ルームスプレー250mL／2750円／パーフェクトポーションジャパン

蚊帳・モスキートネット

夜寝るときは、テントの入口やベンチレーションのメッシュは必ず閉めておきましょう。アウトドア用の蚊帳もありますので、テントの中に吊って使用するのもおすすめ。人が寝る場所を守るだけでも安心感が違います。

⬆COCOON／インセクトシールド モスキートネット ウルトラライト ダブル／9680円／A&F

防虫ウエア

防虫効果のある素材でできたシャツや帽子なども売られています。防虫効果のほか、吸汗速乾性が高く、UVカット機能も備えたアウトドア仕様だと、キャンプにぴったりです。

⬆フォックスファイヤー／SCフーディー／1万3200円／ティムコ

⬆フォックスファイヤー／SCエルゴアームカバー／4840円／ティムコ

商品説明凡例：ブランド名／商品名／価格（税込）／問合せ先（ブランド名と問合せ先が同じ場合は記載なし）
※問合せ先は巻末のP175参照

荷物を車へ収納するコツ

いざ積み込んでみると、意外とたくさん入らない車のトランク。荷物の内容を改めて、積み込む順序をチェックするだけでも、すっきり収まりやすくなります。

まずは荷物を並べてみよう

持っていくものを決めたら、全部を1カ所に広げてみましょう。畳半分くらいは簡単に埋まってしまうはずです。忘れ物がないかチェックしながら、車のトランクの大きさと相談して、不要なものを外します。特にたくさん持っていきがちなのはウエア。濡れたときの代えや、防寒具以外は減らしてもよいかもしれません。

⬆1泊2日のキャンプ道具。必要なものだけでも結構な量

収納前に荷物の下準備を

車に積み込む前に、荷物の下準備をします。袋の中に入ったテーブルやチェアは、一度取り出して不備がないか、確認しておきましょう。小物をまとめたり、割れものを保護したりして、下準備がすべて終わってから、積み込み始めるとスムーズです。

● 小物はコンテナなどにまとめる

調理器具や食器、衣類、ヘッドランプ、救急セットなどをバラバラに積むと、車の中が煩雑になります。大きなコンテナや市販の衣装ケース、スタッフザックなどにまとめておけば、積み込むのが楽です。

● 割れものは布などで保護して

ランタンや食器など、割れやすいものは布を巻いて保護します。ランタンは専用のケースを使うのがベストですが、隙間がある場合は軍手やタオル、新聞紙などをクッション代わりにすると余計な荷物が増えません。

上手に収納する方法

パズルの要領で上手に形を合わせれば、せまいトランクでも十分な量を積めます。ポイントはやわらかいものや細いものを、隙間に押し込むこと。四角いものはできるだけ重ねた方が隙間ができにくくなります。荷物を取り出す順番も考慮しましょう。

四角いものはパズルの要領で小物はかごにまとめて一番上へ

折りたたみテーブルやバーナー、コンテナなど四角いものは、大きさをそろえてパズルのように組んでいきます。重いものはできるだけ下の方にまとめると◎。ランタンや鍋類などはかごにまとめて、一番上へ。

細長いものは1カ所にまとめて重いものから順に積む

袋に入った細長いものは1カ所にまとめたほうがたくさん積めます。テントやタープなどの重いものを下に、チェアやテーブルの脚などの軽いものを上にした方が安定します。

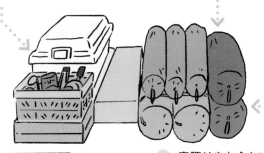

窓際はやわらかいものをクッション代わりに

シュラフやマットなど、やわらかくて大きなものは窓際に置きます。クッションになって車を保護してくれます。固いもの同士がこすれないように、ブランケットなどを緩衝材にするのもおすすめ。

クーラーボックスはできるだけ手前に

出発当日の朝に食材を入れて車に積み込むため、クーラーボックスのスペースはいちばん手前にとっておきます。キャンプ場にたどり着く前にも開閉することもあるので、上には何も積まない方がよいです。

Point

高く積み上げ過ぎに注意！

できるだけたくさん積みたいところですが、バックミラーの視界は確保しておきましょう。高く積み上げすぎると後方確認ができない上、荷物が崩れると危険です。

効率よく＆きれいに撤収すべし

タープ・テントの撤収方法

とにかくたたんで袋に詰め込むのもひとつの方法ではありますが、手順を踏んで撤収すれば、片付けの時間短縮になりますし、自宅での後片付けも楽になります。

効率アップのための撤収のコツ

いちばんのポイントは、手順を覚えてしまうこと。タープもテントも手順通りにばらしたあと、収納袋の大きさにたたんで収納します。手順を踏まずに慌てて撤収すると、かえって時間がかかりますし、自宅に帰ってからのメンテナンスにも手間がかかります。

かがんで作業すると効率がよくて楽ちん

⬆タープもテントも布が大きいので、立ったまま袋に詰め込むのは大変。落ち着いて座って作業しよう

◯ 袋の大きさにたたむ

タープやテントの布を袋に押し込むと、いっしょに空気も詰めてしまうので、入り切らないことも。きちんとたためば、すっきり収まります。

⬆袋を近くに置いてサイズを見ながらたたもう

◯ ポールは中心から折る

ポールを端から折ると、ポール内部のコードが引きつって、ちぎれやすくなります。真ん中から折れば、引きつりが均一になります。

⬆ポールを折るときもかがんで作業しよう

ヘキサタープの撤収方法

　ペグを抜いてロープを外すと、タープが2つ折りになります。そのままポールを倒してタープを地面に広げます。タープの前後をつかんで内側に折り込んでいくと、布を長方形にたたむことができます。

⮑布を長方形に折ったところ。奥にある袋の大きさとぴったりにする

⬆ポールを倒すときは2人いるとよい。同時にポールを倒せば、布がよれにくい

⬆2つ折りにしたタープの前後は、とがった形をしている。これを内側に折り込んでいく

ドーム型テントの撤収方法

　ペグを抜いてロープをまとめたあと、フライシートを外します。ポールを抜いて、テント本体をばらします。風が強いときは、フライシートをたたみ終わるまで、テント本体のペグは抜かずに作業しましょう。

⮑内側へ折り込んでいくとテントの底が外に向くのでドーム部分が汚れない

⬆フライシートを外すときは、テントの前後を持って、2人で同時に作業するとスムーズ

⬆テントの入口を少し開けた状態でメインポールを抜くと、中の空気が抜けて平らになる

片付け上手で時間短縮！

スムーズ&高速な撤収方法

キャンプ道具の撤収はなんだかんだでいちばん大変…。
とにかく早く終わらせたい！ので手順を覚えて、効率よくスマートに撤収しましょう。

小さいものから順に片付ける

テントサイトを撤収するときは、小さいものから大きなものへ。まずはテーブルの上の小物やランタン、ブランケットなどを収納しましょう。次にテーブルやチェア、バーナーや作業台など、中くらいの大きさのものを撤収して、最後にテントとタープ。小さいものを先に片付けることで忘れ物が減りますし、ポールなどを倒して壊してしまうことを防げます。

撤収するときは、みんなで分担すればさらに時短に

1.
テント内、テーブル上の小物を片付ける

テント内に小物を残したまま撤収しないように、テント内の荷物はスタッフザックなどに詰めて外へ。テーブルや作業台の上の小物はコンテナにまとめて。特に雨の場合は、スタッフザックやコンテナに詰めて持ち運べば濡れずに済みます。

2.
テーブルやチェアなどの家具を撤収する

テーブルやチェアなどの家具は、破損がないか調べながら収納袋へ。忘れやすいのは脚のキャップ。数がそろっているかチェックします。バーナーや作業台などは、調理後すぐに片付けを。汚れが落ちやすく、撤収にも手間がかかりません。

3.
テント、タープを撤収して最後にゴミ捨て

空になったテントから土や草をはき出します。小さくて軽いテントなら、持ち上げて逆さにし、入口からゴミを落としてもよいです。ロープが交差していることもあるので、立てたときの逆順、テント・タープの順にくずします。

1時間で撤収を完了するためのポイント

撤収には1時間ほど時間をとっておくとよいです。ある程度、役割分担を決めておくと、スムーズ。片付いたものから1カ所にまとめ、全部片付いたところで一斉に荷物の移動をすると効率がよくなります。また、積み込んだときの状態を写真に撮っておくのを忘れずに。順番を気にすることのない撤収と思いきや、入りきらなかった！ということを防げます。撤収しながら道具のメンテナンスもできたらキャンプ上級者です。

シュラフやシートは
朝から乾かしておく

撤収当日の朝起きたときに、シュラフやマット、シートはテントから出して、車の上などに広げて干しておきます。さらさらに乾くと収納袋へ詰めやすいですし、自宅でのメンテナンスも楽になります。

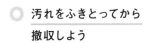広く場所をとれるならロープを張って干してもよい

汚れをふきとってから
撤収しよう

テーブルやチェアの脚は汚れをふきとりながら片付けます。ガソリンランタンは油圧を抜いて（→p.131）、軽く汚れをふいてからケースへ。テントは底についた土を軽く払ってからたたむなど、できるだけ掃除を済ませてしまうとよいです。

小物は1カ所に
ゴミは最後に取りまとめる

撤収していると、食器やタオルなど、見落としていた小物がひょっこり出てくることがあります。忘れ物の原因にならないように、途中で出てきた小物は1カ所にまとめておくと安心です。また、ゴミはあとになってから出てくることもあるので最後にまとめるのがポイントです。

⊕ペグも土を落としながら収納しよう

> **Point**
>
> ### 撤収時にあると便利なもの
>
> ぞうきんや新聞紙があると、掃除をしながら撤収するのに便利です。作業中は軍手があると汚れも気になりません。ゴミ袋は多めに用意しておいて、ゴミの分別や汚れものの収納に使いましょう。

お手頃で使える！

プチプラアイテム

100円ショップやプチプラ雑貨店で見つけたキャンプグッズを紹介。
アウトドアショップ以外でも掘り出しものに出合えるチャンスがあります！

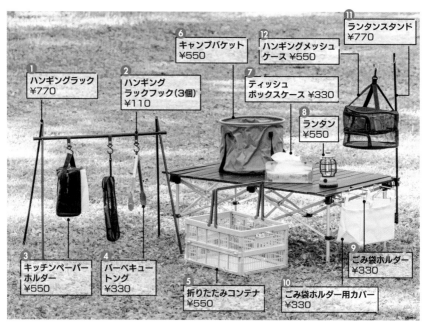

11 ランタンスタンド ¥770

6 キャンプバケット ¥550

12 ハンギングメッシュ ケース ¥550

1 ハンギングラック ¥770

2 ハンギング ラックフック（3個） ¥110

7 ティッシュ ボックスケース ¥330

8 ランタン ¥550

3 キッチンペーパー ホルダー ¥550

4 バーベキュー トング ¥330

9 ごみ袋ホルダー ¥330

5 折りたたみコンテナ ¥550

10 ごみ袋ホルダー用カバー ¥330

※すべて私物

❶ 道具を吊り下げておけるラック。折りたたんで 小さくなる

❷ チェアアームに付けるとかばん掛けにも。レザー調で高見えの便利グッズ

❸ 吊り下げておけばキッチンペーパーをさっと引き出せる。シンプルな見た目もグッド

❹ 木柄でチープに見えないところがポイント。便利なロック機能付き

❺ 食材を入れたり、調理ギアをまとめたり、使い方は無限大

❻ 防水性のあるバケットが一つあると、小物や濡れたアイテムの保管場所に便利

❼ 水濡れからティッシュを守るアイテム。生活感をカバーできるところもよい

❽ サイトの雰囲気づくりに役立つ調光機能付きのLEDランタン。レトロな見た目にも注目

❾ テーブルに取り付け可。袋を引っかけるところが複数あるので分別もできる

❿ ホルダーと合わせて使える。ゴミの目隠しや、小物収納に

⓫ テーブルの天板に固定できるスタンド。地面に挿して使ってもOK

⓬ 洗った食器を吊るしておける。置き場に困らず、乾燥もできて一石二鳥

CHAPTER 04

キャンプ飯
＋α

自然の中で食べるごはんは最高！
満喫できるコツやレシピを紹介します

キャンプ成功のコツは食事にあり！

キャンプ飯計画！

みんなでわいわい食事をするのはキャンプの楽しいひととき。
事前に食事プランを立てておけば、準備や調理もスムーズで時間を有効に使えます。

いちばんの楽しみ・キャンプ飯のプラン

「バーベキューにダッチオーブン料理、煮込み料理と、気合いを入れてキャンプ飯をつくりたい！」楽しい「ごはん」の時間にするなら計画がポイントになります。みんなでキャンプを楽しむためにも、無理のない食事プランを立てましょう。

● キャンプの目的に合わせて組み立てる

食事プランを立てる前に、キャンプのメインイベントを決めましょう。野外遊びやのんびり過ごすことが目的なら、食事プランは軽めに。料理はバーベキューだけにすると時間に余裕ができます（p.97のプラン例❶）。料理を楽しみたいときは、時間に余裕をもたせましょう。ダッチオーブン料理など、手の込んだ料理は量が多めなので、朝ごはんに流用するなど、食材の使い回しも考えましょう（p.97のプラン例❷）。

● 緩急をつければ料理も食事も楽しくなる

メイン1品にじっくりと時間を使い、その他はさっとつくれるものを用意するなど、献立に緩急をつけると料理が楽です。メインの肉料理に、サラダや炒め物などの副菜、さらにはちょっとしたデザートやドリンクなどバリエーションをつければ食事が盛り上がります。

➡食事プランを立てれば
食材も無駄なく使える

● 食材に無駄をなくしちょっとした工夫をプラス

食事プランを立てたら、食材をリストアップ。事前に買いそろえるのに役立ち、大量に買い込むのも防げます。無駄をなくし、荷物が少なくなったぶん、いろいろなスパイスを用意して料理に使ってみたり、缶詰めやインスタント食品などをアレンジしたり、キャンプ飯らしい工夫をプラスしても。

---- プラン例❶ ----

テントサイトでのんびり重視プラン

フリータイムをゆっくり過ごしたいなら、軽めのキャンプ飯に。夜ごはんのメイン料理をバーベキューにすれば、料理の手間もかかりません。キャンプだからといっ

て、すべて手づくりである必要はないので、初日の昼食や、夜のサイドメニューは出来合いのものを買って簡単に済ませるのも手です。

1日目

(昼) **移動中に昼食を済ませる**

外食やお弁当などで、食事を済ませてしまえば、キャンプ場に着いてから、準備に追われずゆっくりスタートできる。

(夜) **定番のBBQとごはん**

バーベキューのようにつくりながら食べられる料理にすれば楽ちん。準備もみんなで協力すれば楽しく時間短縮。

2日目

(朝) **ご飯の残りでリゾット**

昨夜の残り物を使うメニューにすると無駄がない。鍋など汁物をつくったなら、うどんやおじやにアレンジするのもおすすめ。

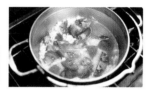

◯ 昨夜の白ご飯に、残りの野菜や肉を追加するだけで、栄養のある朝ごはんに

---- プラン例❷ ----

本格キャンプ飯にチャレンジプラン

こだわりのキャンプ飯を実現したい場合は、初日の昼からグリルを使っても。火をおこす時間も考えて、午前中に到着して準備しましょう。ダッチオーブンとフライパ

ンなど、調理器具を分ければ同時に進められます。荷物の増えすぎが心配なら、翌日の朝食は夜ごはんのメインを流用するなど、食材を使い回すメニューにしましょう。

1日目

(昼) **BBQでサンドイッチ**

バーベキューグリルを準備して、キャンプならではの贅沢なサンドイッチをつくろう。お腹がすいていればそのままバーベキューに突入も◎。

(夜) **ローストビーフとフライパン料理**

夕方から早めに準備を始めて、メイン料理を2つつくってみよう。ダッチオーブンとフライパンで食卓が豪華に。

➡キャンプ料理といえばダッチオーブン

2日目

(朝) **ローストビーフでホットサンド**

1日目の残りものを使ってホットサンドにアレンジ。その都度料理するプランでも、食材を使い回せば、買い出しが楽ちん。

アウトドア料理を楽しもう！

きほんのキッチン用品

ここではグリルやバーナー、鍋、調理器具など、キッチン用品を紹介します。
キャンプ用の道具は、外でも扱いやすい素材やつくりになっています。

バーナー、グリルなどの火器

野外料理で使われる火器には、ガスやガソリンを使うバーナーと炭を使うグリルがあります。バーナーはシチューやフライパン料理などに、グリルはおもにバーベキューなどの焼き物に向いています。デイキャンプの定番はグリルを使った料理ですが、お泊まりキャンプを検討しているなら、どちらも揃えておくと料理の幅が広がります。

\ たたむとこんなに /
小さくなる！

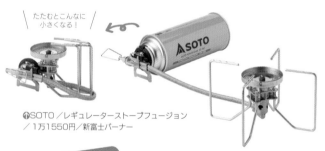

⬆SOTO／レギュレーターストーブフュージョン
／1万1550円／新富士バーナー

シングルバーナー

火口は1つ。バーナーヘッドは小さく、コンパクトに折りたためます。安定性を考えると、中型までのクッカーを載せるのに適しています。簡単な調理や湯沸かしに便利。モデルによってOD缶やCB缶を取り付けて使います。

COLUMN

CB缶とOD缶は
どう違う？

CB缶は「カセットガスボンベ」の略称。価格が安くランニングコストに優れています。OD缶は「アウトドア」が由来で、低温下に強く、専用バーナーを使えば強風でも出力が安定する強みがあります。

ツーバーナー

火口が2つあるので、フライパンで炒めながら一方で煮込み料理をつくるなど、調理が同時進行できます。シングルバーナーと比べると重たく、収納サイズも大きくなります。大人数のキャンプで活躍します。

➡コールマン／パワーハウスLP
ツーバーナーストーブⅡ（バターナッツ）／1万6940円／コールマンカスタマーサービス

商品説明凡例：ブランド名／商品名／価格（税込）／問合せ先（ブランド名と問合せ先が同じ場合は記載なし）

ガソリンバーナー

ガスバーナーと比べると火力が強く、寒冷地でも安定して使えます。着火するまでに「プレヒート」や「ポンピング」といった作業が必要で、慣れが必要です。

\ プレヒートが不要な
モデルも /

↑SOTO ／ MUKAストーブ／ 1万9965円／新富士バーナー

アルコールバーナー

燃料が安価で、コンビニなど身近なお店で手に入ります。ガスバーナーより火力が弱いため、湯沸かしや焼き料理など短時間調理に向いています。

\ アルコールを入れて
点火するだけ /

↑トランギア／アルコールバーナー／ 3300円／イワタニ・プリムス

カセットコンロ

アウトドア向けのものは、屋外でも使いやすいように風防がしっかりしていたり、薄型軽量で持ち運びに便利だったりします。ケース付きだと、車に荷物を積むときにもスタッキングしやすく扱いやすいです。

↑イワタニ／カセットフー "タフまるJr." ／ 1万978円／イワタニ・プリムス

固形燃料

アウトドアで火を得る手段として、最も軽量でコンパクト。ガスやアルコールと比べて燃料漏れの心配がありません。燃料は追加購入できます。

↑エスビット／ポケットストーブ・ミリタリー／ 2090円／飯塚カンパニー

グリル

バーベキューコンロとよばれることもある「グリル」。立ったまま使えるスタンドタイプから、テーブルの上で団らんしながら使えるコンパクトタイプまで、大きさ・形はさまざま。おもに網焼きすることを目的としてつくられているため、燃料は炭がメインですが、なかには薪が使えるモデルも。人数やシチュエーションで選びましょう。

➡グリル、焚き火台、燗銅壺（かんどうこ）として機能する個性派。鍋部分でおでんづくりもOK。●テンマクデザイン／天幕燗銅壺／ 1万9800円／カンセキWILD-1事業部

↑アタッシュケースを開くだけでグリルに変身。卓上で楽しめるミニサイズ。●ロゴス／グリルアタッシュmini ／ 4950円／ロゴスコーポレーション・コンシューマー係

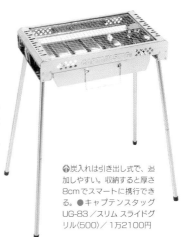

↑炭入れは引き出し式で、追加しやすい。収納すると厚さ8cmでスマートに携行できる。●キャプテンスタッグUG-83 ／スリム スライドグリル〈500〉／ 1万2100円

続きは次のページへ

焚き火台

調理しやすい形から、火力が強く暖をとりやすいもの、ソロ用から大人数用まで、形状とサイズはさまざま。ダッチオーブンを使った、本格的なキャンプ料理が楽しめるところも、焚き火台ならではの魅力。用途を明確にしておくと、満足度は高くなるでしょう。

網を載せて炭火のバーベキューもできる

ダッチオーブン料理も可能

↑脚を開くだけの3秒設営。焼き網付きで、炭、薪どちらにも対応。●コールマン／ファイアーディスク™／8690円／コールマンカスタマーサービス

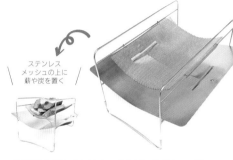

ステンレスメッシュの上に薪や炭を置く

↑タフなステンレスを採用。熱に強い頑強さをもち、一生モノと名高い名作。●スノーピーク／焚火台M／1万7160円

↑収納時はA3ほどの大きさで、厚みはわずか15mm。環境にやさしい構造。●we know enough＜／焚火台収納袋付き／2万7800円／ウィーノーイナフ

燃焼効率が高く、煙が少ない

↑燃えかすが残りにくく、後片付けがスムーズ。付属のバッグで移動もラクラク。●モンベル／フォールディング ファイヤーピット S／1万7600円／モンベル・カスタマー・サービス

↑組み立て不要で、セッティングの煩わしさなし。約1kgと軽量ながらも高火力。●ソロストーブ／キャンプファイヤー／1万6500円／アンプラージュインターナショナル

鍋は素材がさまざま。料理に合わせてチョイス

鍋は素材がポイントです。キャンプ飯で大活躍するのは、鉄製のダッチオーブンとスキレット。焚き火で使える頑丈なつくりで、油が染み込むほど使い勝手がよくなります。クッカーはバーナーでの料理に向いていますが、ステンレス製なら焚き火でも使えます。料理に合わせて、火器との組合せも考えましょう。

ダッチオーブン

厚みのある鉄製の鍋。蓄熱性が高いため冷めにくく、煮込み料理や炊飯もOK。フタが重く密閉度が高いため、野菜の水分(旨み)を逃しません。無水調理も得意。手入れのしやすいステンレス製もあります。

↑スノーピーク／和鉄ダッチオーブン 26／3万4100円

スキレット

材質は分厚い鉄で、ダッチオーブンとの違いは形。ステーキや餃子など、水分の少ない炒め物が大の得意。深さがないぶん、そのままテーブルにサーブしやすく、アツアツのまま食事が楽しめます。

↑ロッジ／スキレット8インチ／3960円／A&F

鉄板

大小さまざま、形も丸型から四角型まで多種多様。フチが立ち上がっているものや、中央が窪んでいるモデルを選ぶと、熱源に油が落ちず、炎や煙が上がりにくいので安心です。

煮込みから焼き物まで、幅広い料理に使える

↑JHQ／鉄板マルチグリドル ディープ 29cm／1万5290円

メスティン

角型のアルミ製クッカーのこと。もとはお米を炊くための道具でしたが、煮る、焼く、蒸すなど万能。価格もリーズナブルで多くのキャンパーに愛されています。ミリタリー感漂う無骨さも魅力のひとつ。

↑トランギア／ラージメスティン／3190円／イワタニ・プリムス

クッカー

クッカーに使われる素材は、頑丈だけど重たいステンレス、熱伝導はいいけど傷がつきやすいアルミ、軽いけど焦げつきやすいチタンなどさまざま。どれも一長一短があり、シーンに応じて使い分けるのが理想的です。

↑ラーメンが食べやすいサイズ。容量は900mℓで、1.5合の炊飯可能。焦げつきにくいフッ素加工。●ソトレシピプロダクツ／シェラどんぶり2レギュラー／6490円

↑サビに強く、強度のあるアルミを使用。9アイテムセットで幅広い調理を叶える。●SOTO／ナビゲータークックシステム／8800円／新富士バーナー

あると便利なアウトドア仕様の調理器具

ウォータータンクやクーラーボックス（→p.132）はアウトドア料理に必須。使用する人数に合わせて、容量を選びましょう。燻製や豪快なグリルなどは、アウトドアならではお楽しみです。軽量なケトルやコンパクトになるまな板など、アウトドア仕様の調理器具もたくさんあるのでチェックしましょう。

ウォータータンク

折りたためるソフトタイプと、大容量を持ち運びやすいハードタイプがあります。水場までの距離、料理などに応じてチョイスしましょう。

➡コプラズ／2in1 Water Carrier&Bucket／1万1550円／アンバイジェネラルグッズストア

スモーカー

スモークチップなどを熱して食材に香りをつける燻製器があると、いつものバーベキューに新しい楽しみをプラスできます。

網の上に食材を載せて燻製に

➡ユニフレーム／インスタントスモーカー／6600円／新越ワークス

ホットサンドメーカー

食パンを2枚はさんで、ホットサンドをつくれます。なかには一度に2セット焼けるものも。

❶ハイマウント／キューバサンドメーカー／4070円

グリルパン

肉の余分な油や水分を落としながら調理できる、グリル専用のフライパン。

豪快なグリル料理に大活躍！

❷ロゴス／MAKIBIグリルPAN／2970円／ロゴスコーポレーション・コンシューマー係

ナイフ、まな板

キャンプ用のナイフ、まな板もあり、下のセットはまな板の間に包丁が収納できます。

❶スノーピーク／マナイタセットL／7590円

ケトル

コーヒー用や急須型など、さまざまな形やサイズがあり、アルミ製やステンレス製が主流です。

➡ノルディスク／アルミニウムケトル／6864円／ノルディスクジャパン

食器類は素材で選ぶ

キャンプ用の食器類は、落としても割れにくい素材でできていて、形や色も多彩。キャンプ用品店でじっくり選びたいアイテムです。素材によって価格や重さ、汚れのつきにくさが異なるので、店頭で手ざわりや素材感を確かめて購入しましょう。

○ 食器

以下の他に、軽くて価格がリーズナブルなプラスチックや、表面に傷がつきにくくデザインが豊富なメラミン樹脂、軽くて丈夫なチタンなどの素材もあります。

ホーロー	ステンレス	木製	再生PETABS素材
金属の表面にガラス質の釉薬を塗ったもの。安定感があってひっくり返りにくいのが強み。	チタンに比べると重いですが、安定性が高く、空っぽの状態でも風に飛ばされないのが◎。	温かみのある食卓を演出。水濡れに強いコーティングになっていることが多く、手入れが楽。	環境にやさしい再生素材。やさしい手ざわりで、豊かな自然が舞台のキャンプと相思相愛。

⬆ベアボーンズ／エナメル2トーンプレート2枚セット／3520円／A&F

⬆ザ・ノース・フェイス／ランドアームスプレート／2640円／ゴールドウインカスタマーサービスセンター

⬆クピルカ／クピルカ33／3520円／モンベル・カスタマー・サービス

⬆ペンドルトン／PETABSプレート／3190円／A&F

○ カトラリー

手から滑りにくい加工がしてあったり、小さく折りたためたり、キャンプ仕様のものがたくさんあります。

⮕樹脂製で軽く、接触音が出ずに静か。●ゼインアーツ／ループスプーン、ループフォーク、ループスポーク／各110円

⮕短くできて携帯に便利。●モンベル／スタックイン野箸／3630円／モンベル・カスタマー・サービス

○ カップ

樹脂やチタン、アルミ、ステンレスなど、さまざまな素材があります。

⮕ガラスのような輝きをもった特殊樹脂製で熱湯もOK。●キャプテンスタッグ／CS Forest Cafe マグカップ／990円

⮕真空断熱仕様のカップ。●ゼ・インア ツ／スタッキングタンブラー／1210円（シルバー）、1320円（ブラック）

⮕メモリがついているので計量カップにも。●スノーピーク／ステンレスシェラカップ／1584円

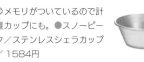

使い勝手のよい配置を考えよう

キッチンスペースをつくる

基本は自宅のキッチンと同じで、使い勝手を考えてレイアウトします。
動線を確保し、作業台や棚などをアレンジして、オリジナルのキッチンをつくりましょう。

キッチンスペースをつくるコツ

使い勝手のよさが重要。食材を切ってゴミを捨てる、食材の下ごしらえをして煮炊きするなど、キッチンでの行動を想像してみます。作業台とゴミ箱、作業台とバーナーなど、近くにあると便利な組合せを考えてレイアウトしていきましょう。

➡みんなで協力して準備すれば、おいしさも倍増！ファミリーキャンプはお手伝いも楽しみのうち

⭕ 動線を考えて配置

食材を取り出し、下ごしらえをして、火にかけるという一連の動作をスムーズに。バーナーとクーラーボックスで作業台をはさむのが一般的です。キッチンスペースは広めにしておくと、複数人でも作業しやすくなります。

←自宅のキッチンの構造を参考に、作業しやすいレイアウトを考えてみよう

⭕ 高さをそろえる

特に作業台とバーナーの高さがそろっていないと、下ごしらえから火にかける作業がめんどうに。ウォータータンクやクーラーボックスも底上げすると使いやすくなります。料理を本格的に楽しみたい人や、家族でわいわい作業をしたい人には、ハイスタイルがおすすめ。少人数の場合は、ロースタイルにしてリビングとひと続きにすると、のんびり料理ができます。

キッチンスペース例

中心となる作業台の位置を決めてから、その他のものを配置していきます。火を扱うバーナーはいちばん端に配置します。風下に置けば風が強いときでも安心です。グリルも同じですが、バーベキューなど、みんなで囲んで料理をするなら、キッチンから離れた広い場所へ配置しましょう。下の図は最も一般的なレイアウト例です。棚を用意して物置にしたり、ウォータータンクやゴミ箱を作業台の下に入れたり、アレンジを加えて自分に合ったキッチンをつくりましょう。

| ツーバーナーコンロ |
専用のラックなどに載せ、作業台を同じくらいの高さにする。テントやタープなど、燃えやすいものから離すのが鉄則。

| 作業台 |
天板が広いと作業しやすい。テーブルでも可能だが、料理専用の作業台だと、棚があったり、汚れにくい加工がしてあったりする。

| ウォータータンク
クーラーボックス |
ウォータータンクは作業台のそばへ。クーラーボックスはバーナーなどの火器から離し、直射日光も避ける。底上げすると温まりにくい。

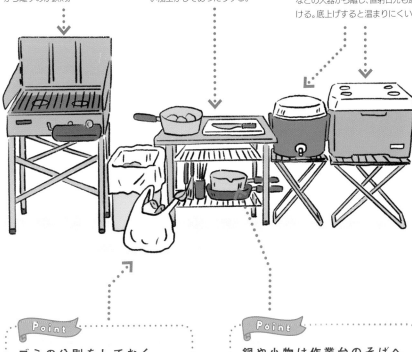

Point
ゴミの分別をしておく
ゴミの分別をしながら作業すると撤収しやすく、自宅で食材をタッパーなどに移し替えておけば、作業しやすくてゴミも減らせます。

Point
鍋や小物は作業台のそばへ
調理器具が散らばっていると効率ダウン。作業台の下の棚など、1カ所に集めておきます。テーブルや棚を用意して、物置にしても。

キャンプで楽しみな「ごはん」時間
キャンプ飯レシピ

野外料理はキャンプのいちばんの楽しみという人も多いのでは。
協力してつくったり、グリルを囲んで食べたり、キャンプならではの体験を。

レシピ紹介！

小雀 陣二／アウトドアコーディネーター。多数の雑誌・書籍でレシピを掲載。

おいしいご飯を炊くためのコツ

　失敗が減る2つのコツを紹介しましょう。まず、米に水をしっかり吸わせること。ふっくら炊き上げるためには、最低でも30分は、米を水に浸しておきたいです。2つ目のコツは鍋を回転させること。屋外なので、炎が風であおられたり、風を受ける面が冷えたりします。鍋を回転させてムラなく火を通すのが重要です。いちばん難しいのは火加減。季節や気象条件、鍋の厚みな

ど、ちょうどよい火加減は変化します。何度か挑戦してみてベストな炊き加減を探りましょう。

← 水をしっかり吸わせると、透明だった米が白くなる

RECIPE 01 - - - - - ○

炊きたて
ご飯

材料（6人分）
・米 … 3合
・水 … 3合半

ふっくら
つやつや！

つくり方

① 鍋に米を入れて洗い、水を切る。水3合半を加え、フタをして30分ほど米を浸水させる。
② 焚き火に火をつけて細めの薪をくべて強火の炎をつくり、米の入った鍋を火にかけて一気に沸騰させる。途中で鍋を回転させてムラがないようにする。

③ 沸騰して湯気が吹いてきたら弱火にして7分炊く。ここでも鍋を回転させるのを忘れないように。
④ 途中でフタを開けて中を確認する。米の表面に水があればさらに1〜2分弱火で炊く。米が顔を出していたらフタを閉め

て3分蒸らし、かき混ぜたあとでさらにフタをして2分ほどご飯を落ち着かせる。

バターコーンベーコン飯

白いご飯の
簡単アレンジ！

材料（4人分）

- 米 … 1合半
- 水 … 2合
- 厚切りベーコン … 100g
- コーン … 1缶
- バター … 20g
- イタリアンパセリ … 2本
- 塩 … 適量
- ブラックペッパー … 適量

つくり方

① 鍋に米を入れて洗い、水を切る。水2合を加え、強火で熱し沸騰したら、弱火で7分、火を止めて3分ほど蒸らす。途中鍋を回転させてムラを軽減する。

② 厚切りベーコンを1cm角くらいに切り分けて、スキレットに入れる。

③ スキレットにバターを加えて中火で熱し、少し焦げ目がついたら、コーンを加えて全体をなじませる。

④ ①に③を混ぜ合わせる。少し味見をして、必要なら塩を少々加える。ブラックペッパーをふり、刻んだイタリアンパセリを散らす。

Point

厚切りベーコンは少しカリッとするまで炒めると、塩気が出てきます。バターと合わせて、ちょうどよい加減に。

フライパンとバーナーがあれば、手軽にメイン料理をつくることができます。アウトドアで使うフライパンにはスキレット（→p.101）がおすすめ。炒め物や軽めの煮込み料理にぴったりです。蓄熱性が高く、見た目もよいので、そのままテーブルへ出すことができます。同素材のフタを使えば、圧力がかかって、よく火が通ります。

RECIPE 03

白身魚のアクアパッツァ

深い味わいは
魚介のだしがポイント

材料（4人分）

・白身魚の切り身 … 大2枚
・アサリ … 10〜15個（砂抜き済み）
・ミニトマト … 4個
・ニンニク … 1かけ
・ブラックオリーブ … 4個
・タイム … 2、3本
・小麦粉 … 大さじ1
・塩 … 適量
・ブラックペッパー … たっぷり
・オリーブオイル … 大さじ2

つくり方

① アサリを洗う。魚の切り身に塩をまんべんなくふり、小麦粉も同じようにふる。ミニトマトはへたを取り半分にカット。ニンニクの芯を取り、潰してスライスする。

② スキレットにオリーブオイル、ニンニクを入れ中火で熱す。ニンニクの香りがオリーブオイルに移ったら、ニンニクをいったん取り出す。

③ 切り身を皮側から焼き、両面にしっかり焦げ目がつくようにする。表面を焼いておくと、他の材料を入れて蒸し焼きにしても、煮崩れない。

④ 中〜弱火にしてアサリ、ミニトマト、ブラックオリーブをちらし、タイムを入れ、フタをして5分蒸し焼き。アサリが開いたらブラックペッパーをふる。

チキンのトマト煮込み

チキンはふっくら
ジューシーに仕上げて

材料（4人分）

- 鶏モモ肉 … 2枚
- ナス … 2個
- ピーマン … 2個
- マッシュルーム … 4個
- ニンニク … 1かけ
- ベイリーフ … 2枚（あれば）
- タイム … 2本（あれば）
- トマト水煮缶 … 1個
- トマト … 1個
- 塩 … 適量
- ブラックペッパー … 適量
- オリーブオイル … 適量

つくり方

① 鶏モモ肉の皮をむき、脂を切り落として大きめに切り分け、塩をふる。ナスとピーマンはへたを取って縦半分にカットし、ピーマンは種を取り除く。

② スキレットを中弱火で熱し、皮と脂を焦げ目がつくくらいしっかり焼き、脂を出す。
③ 鶏肉を入れて焦げ目がつくくらい両面を焼く。いったん取り出して、ナスとピーマンも焼く。ナスに油を吸わせ、それぞれほどよく焦げ目がつくように。脂が足りないときはオリーブオイルを使う。塩を全体にふって取り出す。
④ 鶏肉、マッシュルーム、トマトの水煮、ベイリーフ、タイムを加え、強火で5分煮込む。
⑤ 味見をして塩で好みの味に調整する。ナスとピーマンを加えて具を整え、くし切りにした生トマトを飾り、ブラックペッパーをふる。

Point

鶏肉は皮がついていた面から焼きます。焦げ目をつけてしっかり焼くことで、肉汁を閉じ込めてジューシーに。皮や肉を焼いていったん取り出し、後から加えることで、香ばしい香りや食感になります。

ダッチオーブンで豪華なキャンプ飯

　キャンプでぜひ挑戦したいのが、ダッチオーブン料理。ダッチオーブンは、分厚い金属でできていて、焚き火や炭火で料理できる頑丈なつくりの鍋です。フタの上に炭火をおけば上からも加熱できるので、オーブンのような使い方が可能です。

◀風に吹かれると鍋が冷えやすいが、ダッチオーブンはふつうの鍋に比べて、蓄熱性が高いので料理しやすい

RECICPE 05

ラムラックのオーブン焼き

豪快！
ジューシー！
骨付き肉

材料（4人分）

- ラムラック … 約1kg
- 玉ねぎ … 1個
- ニンニク … 2かけ
- ローズマリー … 数本
- タイム … 数本
- あら塩 … 適量
- ブラックペッパー … 適量

（和風ソース）
- 醤油 … 大さじ2
- 白だし … 大さじ1
- 砂糖 … 10g

- パセリ … 適量

つくり方

① ラムラックを常温に戻し、塩をふってすり込む。玉ねぎは皮のまま半分にカット。ニンニクの芯を切り落とす。
② ダッチオーブンに底上げの網をしき、ラムラック、ローズマリー、タイムを入れ、玉ねぎ、ニンニクを並べる。フタをし、焚き火台でオーブン焼きする。
③ 火のついた炭をフタの上に

10～12個、ダッチオーブンの下に4、5個置く。焼き始めて10分くらいでフタを開けて様子を見る。
＊中央部分が焼けすぎならフタの炭を減らすかふちに寄せ、中央部には炭を載せないようにする。
④ フタをして10分くらいしたら、焼き具合を確認する。包丁

の先端を肉の中央部まで刺して10秒後、引き抜いて下唇に当てて温かければ焼き上がっている。まだ焼けていないと冷たく、焼きすぎだと熱いと感じる。
⑤ ソースの材料を小鍋に入れひと煮立ちさせる。肉にブラックペッパーをふり、スライスし、パセリなどを添えて完成。

定番ローストビーフ

切り口のほのかな
赤みがたまらない

材料（4人分）

・牛モモ肉 … 800g
・ジャガイモ … 2個
・ニンニク … 2個
・クレソン … 適宜
・粒マスタード … 適宜
・あら塩 … 適量
・ブラックペッパー … 適量

つくり方

① 牛モモ肉をクーラーから取り出し、常温に戻しておく。肉に塩をふる。ジャガイモをよく洗って半分にカットし、ニンニクの芯を切り落とす。
② 焚き火台で炭に火をつけておく。ダッチオーブンに底上げの網を入れ、牛モモ肉、ジャガイモ、ニンニクを並べてフタをする。フタの上に火のついた炭を約12個、下に約4個置きロース

トする。
③ 10分くらいしたら肉の焼き具合を見る。表面にまんべんなく火が入っているか確認する。
＊フタに近いところが焼けていたら、フタの中心の炭は周りに寄せるなどして火力の調整をする。
④ 季節や炭の火力にもよるが合計20 〜 30分で焼き上がる。
＊途中で肉の中心の温度を確認する。包丁の先端を肉の中心まで刺して10秒したら抜き、下唇に当ててみる。冷たいと生、熱いと焼けすぎ、生ぬるいくらいがいい焼け具合。肉用の温度計で60 〜 70度。
⑤ ブラックペッパーをふり、食べやすく薄くスライスし、粒マスタード、クレソンを添える。

Point

たれは、甘口醤油や大根おろしと醤油、ポン酢がおすすめ。アウトドアでは食材は冷めやすく、温め直すのもひと苦労ですが、ローストビーフは、ポークやチキンと違い、冷めてもおいしく、サンドイッチやサラダにも使えるので便利な肉料理です。

　フライパンや鍋を使って、簡単につくれる&満足度が高いレシピをご紹介。フライパンや鍋ひとつでできるので「ワンポット」料理とよばれています。とても簡単なので、お手軽なランチや、小腹が空いたときの夜食におすすめです。

RECIPE 07

トマトチキンパスタ

ゆで汁も使って、
とろみのある
トマトソースに

材料（2人分）
- スパゲッティ … 150g
- 焼き鳥の缶詰 … 1個
- ミニトマト … 4個
- ニンニク … 小ひとかけ
- バジル … 数枚
- トマトペースト … 1袋(18g)
  (トマトの水煮や、
  　ケチャップでも代用可)
- 水 … 200㎖
- 塩 … 小さじ1
- ブラックペッパー … 適量
- オリーブオイル … 大さじ2

つくり方
① スパゲッティを半分に折り、スキレットに並べる。その上に、焼き鳥の缶詰、半分に切ったミニトマト、スライスしたニンニク、ちぎったバジル1枚をのせる。
② トマトペースト、水200㎖、オリーブオイル、塩小さじ1を加えて強火で熱し、沸騰したら中火にして、かき混ぜながらゆでる。
③ スパゲッティの味見と好みのかたさの確認をして、必要なら塩を加える。できあがったら、ブラックペッパーをふり、追加でバジルをちぎってかざる。

Point

スパゲッティがくっつかないように、しっかり混ぜながらゆでます。スパゲッティがゆで上がる前に水が少なくなってしまったら、パスタのゆで加減を見ながら水を足しましょう。

豚バラとナスのスタミナ丼

> カリカリの豚バラと
> ジューシーなナスが
> 食欲をそそる

材料（1人分）

・米 … 1合
・水 … 1合半分

・豚バラ肉(カレー用) … 100g
・ナス … 1本
・焼き肉のタレ … 適量
・水 … 20㎖
・ブラックペッパー… 適量

つくり方

① メスティン本体に、洗った米を入れて、水1合半分を加える。フタをし、強火で熱して、沸騰したら弱火にして7分、火を止めて3分ほど蒸らし、炊き上げる（詳しくはp.106「炊きたてご飯」を参照）。
② ご飯を炊いている間に、豚バラ肉、ナスを一口大に切り分ける。メスティンのフタに、豚バラ肉の脂側を下にして並べ、弱火から中火で熱し、脂を出しながら焼く。
③ フタに脂が行きわたったら、少し焦げ目がつくくらいまで肉全体を焼く。
④ 豚バラ肉をいったん取り出し、次はナスに脂を吸わせながら少し焦げ目がつくまで、じっくりと焼く。
⑤ 豚バラ肉をフタに戻し、焼き肉のタレ、水20㎖を加え、全体をなじませる。仕上げにブラックペッパーをふり、ご飯に盛る。

Point

焦って裏返すと、身がフタにくっついてはがれてしまいます。焦げ目がつくまで待ってからのほうが、裏返しやすいです。

ひと工夫でおしゃれなBBQ

キャンプの定番といえばバーベキュー。下準備がとても簡単で、みんなでわいわい、焼きながら食べられる楽しい料理です。炭火で肉を焼くだけでも十分においしいですが、野菜を合わせたり、ソースをつくってみたり、付け合わせを考えたりと、ひと工夫加えるだけで食べごたえ満点のメイン料理にもなります。

RECIPE 09

エビとアスパラガスのベーコン巻き

香ばしさが
食欲をそそる

材料（4人分）

- 大エビ … 8本
- ベーコン … 8枚
- アスパラガス … 4本
- レモン … 1/2個
- 塩 … 適量
- ミニトマト … 適量

つくり方

① エビの皮をむいて背わたを取り、塩を全体にふる。エビの内側を少し包丁で切り、焼いたときにエビが曲がらないようにする。アスパラガスは根元のかたい部分を切り落とす。

② エビとアスパラガスをベーコンで巻き、爪楊枝で刺して留める。

③ 炭火で程よく焦げ目がつくように両面を焼いて皿に盛る。レモンをふってミニトマトを添える。

Point

火のついた炭から焼き網が5cmくらい離れていると、ちょうどよく焼けます。

RECIPE 10

ビーフケバブ

野菜もいっしょに焼いて
彩り鮮やかな1品に

材料（4人分）

・和牛モモ肉 … 300g
・赤パプリカ … 1個
・黄パプリカ … 1個
・ナス … 1本
・インゲン … 4本
・マッシュルーム … 4個
・あら塩 … 適量

（付け合わせ）
・クスクス … 1カップ
・湯 … 1と1/2カップ
・カレー粉 … 小さじ1
・あら塩 … 小さじ1
・ブイヨンキューブ … 1個

（ソース）
・ヨーグルト … 30㎖
・マヨネーズ … 30㎖
・あら塩 … 小さじ1/2
・ブラックペッパー … 適量

つくり方

① 付け合わせのクスクスを先につくる。小鍋に湯を1カップ半沸騰させ、カレー粉、塩、ブイヨンを入れかき混ぜ、クスクスを入れて火をとめる。
② パプリカは上下を切り落とし、ヘタを取り、種などを取り除き、一口大にカット。ナスは1cmくらいの輪切りにする。インゲンは4cmくらいにカットする。和牛モモ肉は一口大にカット。
③ ②とマッシュルームを順番に竹串に刺していく。
④ 全体に塩をふり、炭火で焦げ目がつくくらい焼く。ヨーグルト、マヨネーズ、あら塩、ブラックペッパーを混ぜて別添えのソースをつくる。

Point

火のついた炭から5cmくらい離れているとちょうどよく焼けます。食材で竹串を埋めるように刺しておくと竹串が炭火で焦げません。ナスにオリーブオイルを塗っておくと、ツヤよく仕上がります。

絶品サラダでおもてなし

バーベキューやダッチオーブン料理など、時間がかかる料理の合間に、ぱぱっとつくれるサラダでおもてなしを。マリネは具材を変えても楽しめます。「タコとセロリのマリネ」はセロリの代わりにキュウリや大根を、「クレソンとツナのサラダ」も葉物をサラダほうれん草などに変えてアレンジしてみましょう。

RECIPE 11

タコとセロリのマリネ

ナンプラーと
ライムで
さわやかなサラダ

材料（2人分）

・ゆでタコ … 100g
・セロリ … 1本(150g)
　（キュウリや大根でも可）
・青唐辛子 … 1/2本
・ライム … 1/2個
・ライム（飾り用）… 適量
・ナンプラー … 大さじ1

つくり方

① タコとセロリをスライスし、青唐辛子は細かくきざむ。ライムはくし切りにする。
② タコとセロリ、青唐辛子をボウルに入れ、ライムを搾り入れる。ナンプラーを加えて、全体をよくあえる。

Point

青唐辛子はお好みで。辛いのが苦手なら、青唐辛子の代わりにブラックペッパーやクミンを入れてもおいしいです。

RECIPE 12

クレソンとツナのサラダ

子どもも大人も
ペロッといけちゃう

材料（2人分）

・クレソン … 3束
・ツナ缶 … 1個
・レモン … 1/2個
・レモン（飾り用）… 適量
・塩 … 適量
・ブラックペッパー … 適量
・オリーブオイル … 大さじ2

つくり方

① クレソンはかたい根本を切り落とし、食べやすい長さに切る。レモンはくし切りにする。
② ボウルにツナ缶を汁ごと入れて、崩しておく。レモンを搾り入れ、オリーブオイルとクレソンを加えて、全体をあえる。
③ 味見をしながら塩を加えてあえる。お皿に盛って、ブラックペッパーをふる。

ツナ缶を最初に崩しておくと、クレソンを入れたあとにあえやすいです。ツナ缶の塩気があるので、味見をしながら塩を加えましょう。

ささっと簡単おつまみレシピ

メイン料理に力を入れるなら、簡単につくれるつまみを用意しておきましょう。ここでは爪楊枝に刺したオードブル的なおつまみを紹介。手に取りやすいものだと、みんなでわいわい楽しめます。材料を持ち寄って、おいしい組合せを考えるのもおもしろいかも。

カラフルな
見た目が◎

🍴 RECIPE 13 ─ ─ ─ ─ ─ ─ ─ ○

ロースハムとキュウリ

材料（2人分）
- ・厚切りロースハム
  … 150g
- ・キュウリ … 1本
- ・マヨネーズ … 適量
- ・あら塩 … 適量
- ・ブラックペッパー
  … 適量

つくり方
① それぞれ一口大にカットし串に刺す。
② キュウリにマヨネーズを少しのせる。全体に少し塩、ブラックペッパーをふる。

🍴 RECIPE 14 ─ ─ ─ ─ ─ ─ ─ ○

ミニトマトと
モッツァレラチーズ

材料（2人分）
- ・モッツァレラチーズ
  … 1個
- ・ミニトマト … 3個
- ・バジル … 大2枚
- ・ブラックオリーブ
  … 3個
- ・あら塩 … 適量
- ・ブラックペッパー
  … 適量
- ・オリーブオイル
  … 適量

つくり方
① モッツァレラチーズを一口大にカットし、バジルをのせる。ミニトマト、ブラックオリーブは半分にカットする。
② チーズ、バジル、トマト、オリーブの順で串に刺す。全体に少し塩、ブラックペッパーをふる。オリーブオイルを少し垂らす。

Point

材料を一口サイズのクラッカーにのせて食べるのもおすすめです。クラッカーのさくさくした食感が加わり、ひと味違うおいしさに。

持ち手付きなので
食べやすい！

RECIPE 15

ボイルエビとアボカド

材料（2人分）
- ボイルエビ … 6尾
- アボカド … 1/2個
- あら塩 … 適量
- ブラックペッパー … 適量
- マヨネーズ … 好みで

つくり方
① アボカドを一口大にカットしエビといっしょに串に刺す。
＊アボカドは縦に包丁で切ると大きな種にあたる。そのまま種を中心にしてアボカドを回して上下に切り、2つに割って種を取り除く。
② 好みでマヨネーズ、全体に少し塩、ブラックペッパーをふる。

RECIPE 16

カマボコと
クリームチーズ海苔

材料（2人分）
- カマボコ … 1/2本
- 海苔 … 小3枚
- クリームチーズ … 1個
- 白ごま … 適量

つくり方
① カマボコは厚さ1cmくらいにスライス、クリームチーズは3等分にカット。
② 海苔の中心にチーズ、両脇にカマボコを置く。海苔の両端を持ち上げて串に刺してとめる。白ごまをふる。

凝ったメニューばかりだと、料理するのに疲れてしまうことも。朝の散歩やゆったりとした時間を確保するために、手間のかからない朝食レシピを紹介。小腹が空いたときのおやつや夜食にもなります。食材や味付けをアレンジしやすいレシピなので、自分のお気に入りの味を探して定番レシピに加わえましょう。

RECIPE 17

ハムチーズホットサンド

食材をはさんで
焼くだけ

材料（2人分）
- ロースハム … 1枚
- スライスチーズ … 1枚
- 食パン … 2枚
- ケチャップ … 小さじ1
- 粒マスタード … 小さじ1

つくり方
① 小さいボウルにケチャップと粒マスタードを入れよく混ぜて、パンにそれぞれ塗る。
② ロースハムとスライスチーズをのせて、パンではさむ。
③ ホットサンドクッカーにはさみ、中火で両面に焦げ目がつくように焼き上げる。

Point

途中でホットサンドクッカーを開いて焼き加減をみながらじっくり焼きます。強火で焼くとあっという間に焦げてしまうので注意！

トマトチーズ雑炊

前日の残りご飯を
アレンジ

材料（2人分）

- 残りご飯 … 1合半
- 水 … 適量
- トマト … 2個
- パルミジャーノチーズ
  … たっぷり
- 塩 … 適量
- ブラックペッパー … 適量
- ブイヨンかコンソメ … 好みで
- イタリアンパセリ（飾り用）
  … 適量

つくり方

① 残ったご飯にくし切りにしたトマトを入れる。
② ご飯とトマトが隠れるくらい水を注ぎ、強火で熱し、沸騰したら中弱火にして煮込む。
③ ひかえめな塩味になるように塩を加える。好みでブイヨンを加えてもよい。
④ 器に盛り、ブラックペッパーをふり、パルメジャーノチーズをたっぷりすりおろす。

Point

チーズで塩気が足されるのと、トマトの甘みを生かすために、あまり濃い味付けにしないのがポイント。

せっかくのキャンプなので、フライパンや焼き網で火を使ったデザートに挑戦してみましょう。ここで紹介しているレシピはどれも簡単なものばかりなので、親子で料理しておやつにしても楽しめます。リンゴの他にも、パイナップルやバナナなど、熱を加えると甘さが増しておいしくなる果物で、試してみて。

RECIPE 19

簡単焼きリンゴのマスカルポーネ添え

甘く煮込んだ
リンゴがたまらない

材料（2人分）
・リンゴ … 大1個
・レーズン … 適量
・ラム酒 … 50㎖
・バター … 40g
・砂糖 … 40g
・マスカルポーネチーズ
　　… 120g
・シナモンパウダー … 適量
・バニラアイス … 好みで

つくり方
① リンゴを1cm幅くらいの、くし切りにして種を切り落とす。
② スキレットを中火で熱し、バターを入れて溶かす。リンゴ、レーズンを加え、ラム酒、砂糖を回し入れ煮込むようにソテーする。
③ リンゴがしなやかに、飴色に色づき、ソースがトロトロになれば完成。
④ マスカルポーネチーズを添え、シナモンをふる。バニラアイスもよく合う。

Point

リンゴを裏返したり、ゆっくり混ぜたりしながら、煮詰めていきます。焦げつかないように要注意！

焼きパイナップルのキウイソースかけ

火を加えて
まろやかな甘さに

材料（4人分）

- パイナップル … 1個
- キウイ … 1個
- ココナッツミルクパウダー
  … 大さじ1
- 湯 … 50㎖
- 砂糖 … 大さじ1

つくり方

① パイナップルの葉の部分を切り落とし、縦に4等分にカット。皮を下にしてすくうように皮をむく。

② 炭火で焦げ目がつくくらい、まんべんなく焼く。火のついた炭から5cmくらい離れているとよい。

③ 器にココナッツミルクパウダー、砂糖を入れ、湯を50㎖注ぐ。

④ キウイの皮をむき、細かく刻んでココナッツミルクに加えよくかき混ぜソースをつくる。

⑤ 焼きあがったパイナップルを食べやすい大きさにスライスし、皮に並べ器に盛り、④のソースをたっぷりかける。

Point

パイナップルは表面に焦げ目がついても、中はジューシーに仕上がります。両面をまんべんなく焼いて、火を通すと、やわらかく甘くなります。

餃子の皮でフルーツピザ

いろいろなフルーツで
楽しもう！

材料（3人分）

- 餃子の皮 … 6枚
- バナナ … 小1本
- キウイ … 1個
- バター … 40g
- マスカルポーネチーズ … 1個
- チョコレートシロップ … 適量
- メイプルシロップ … 適量

つくり方

① スキレットを中火で熱し、餃子の皮を両面、ほどよく焦げ目がつくまで焼いて火からおろす。
② 焼いた餃子の皮にバターを塗り、その上にマスカルポーネチーズをたっぷり塗る。
③ スライスしたバナナとキウイをそれぞれのせる。
④ バナナにはチョコレートシロップを、キウイにはメイプルシロップをかける。

Point

餃子の皮は大きめのものが使いやすいです。餃子の皮は直火で焼いてもOK。焼くと、ぷくぷくと少し膨らんできます。

ひとくちガトーショコラ

混ぜて焼くだけ、
簡単おやつ

材料（2人分）

- ・ココアパウダー … 10g
- ・米粉 … 5g
- ・グラニュー糖 … 10g
- ・チョコチップ … 大さじ1
- ・卵 … 1個
- ・バター … 10g
- ・ミント（飾り用）… 適量
- ・粉砂糖 … 適量

つくり方

① ボウルにココアパウダー、米粉、グラニュー糖、チョコチップ、卵を入れ、泡立て器や菜箸でよくかき混ぜる。
② ホットサンドメーカーの両側にバターを塗り、①の生地を流し入れてもう片方のホットサンドメーカーではさむ。
③ 中火で2分ほど焼き、裏返してさらに2分ほど焼く。
④ 一口大に切り、皿に盛る。粉砂糖をふり、いろどりにミントをそえる。

強火だとすぐに焦げつくので要注意！ 両面を2分ずつ焼いたら、ほどよい焼き加減かどうか、両面をチェックしてみましょう。

ほっこり温まるドリンクメニュー

秋冬のキャンプに取り入れたいのがホットドリンクメニュー。いつものコーヒーやココアにひと工夫で、キャンプらしいドリンクメニューに早変わり。コーヒーは砂糖を入れなくても、マシュマロの甘みとバターの塩味でリッチな味わいに。スパイスが高く香るココアは寒い日にぴったりのホットドリンクです。

RECIPE 23

焼きマシュマロ・バターコーヒー

マシュマロの甘みと
バターの塩味が
ベストマッチ

材料（1人分）
・コーヒー … 1杯
・マシュマロ … 大1個
・バター（有塩）… 5g

つくり方
① ホットコーヒーをいれて、バターを浮かべる。
② マシュマロを串に刺し、バーナーの遠火で全面を焼く。
③ 焼けたマシュマロをコーヒーに浮かべる。

Point

マシュマロは、火に近づけすぎると、あっという間にまる焦げになってしまうので注意しましょう。

マシュマロが溶けると、まろやかなコーヒーのできあがり！

キャンプおやつの
できあがり！

🍴 **RECIPE 24**

スパイスココア

空炒りしたスパイスは
香りが抜群！

材料（1人分）

- クローブ … 3個
- カルダモン … 1個
- ドライジンジャー … 2枚
- 輪切り唐辛子 … 1個

- 水 … 50㎖
- 牛乳 … 150㎖
- ココアパウダー … 大さじ1
- グラニュー糖 … 大さじ1/2
- シナモンパウダー … 適量

つくり方

① 小鍋にスパイスを入れ、中火で空炒りして香りを引き出し、水50㎖加え、3分煮込む。
② 火から下ろし、ココアパウダー、グラニュー糖を加え、かき混ぜてよく溶かす。
③ 牛乳を加えてかき混ぜ、中火で熱し、2～3分煮込む。仕上げにシナモンパウダーをふる。

Point

スパイスを空炒りすることで、香りがぐっと出てきます。牛乳ではなく、水で煮るのがポイント。

寒い日はスパイスの力で体の芯からぽかぽかになりましょう！

効率よく＆自然にやさしく

キッチン道具の片付け

自宅と同じように片付けると、洗剤も水もたくさん使ってしまいがち。
自然の中では環境に配慮した後片付けを心がけましょう。

「その都度きれいに」が鉄則

料理の最中や食事のあとで、できれば汚れが固まらないうちにきれいにしてしまった方が、油汚れを落としやすくなります。キャンプで使う調理器具や食器には数に限りがあるので、その都度きれいにした方が効率的です。便利なのが使わなくなった古タオルや古布。使いやすいサイズに切って用意しておくと、油汚れなどのふきとりで使えます。

⬆大きめのかごは食器を運んだり乾かしたり何かと便利

できるだけエコに片付ける

キャンプは自然の中で寝泊まりし、食事をとって生活します。その生活によって草木を枯らしたり、川の水を汚したりして、環境に悪影響を与えてしまっては、せっかくのキャンプも台無しです。水を出しっぱなしにしない、自然にやさしい食器用洗剤を使うなど、キッチンの片付けもできるだけ環境に配慮して行いましょう。

◎ 食器用洗剤は
　環境にやさしいものを使おう

下水がきちんと管理されているキャンプ場もありますが、できれば洗剤は環境にやさしいものを使いましょう。少量の洗剤で済むように、汚れを軽くふきとり、よく落ちるスポンジを併用するのがおすすめです。

◎ 油汚れがひどいときは
　持ち帰ろう

油でべたべたになった鍋などは、水では落としにくいですし、洗剤もたくさん使います。キャンプ場できれいにしようとせず、キッチンペーパーや古タオルなどでくるんで持ち帰ってからきれいにしましょう。

後片付けのポイント

手間をかけずに素早く片付ける方法をいくつか紹介します。キャンプ場の炊事場は譲り合って使いたいですし、早く片付けられれば節水にもなります。自分なりの工夫を探してみてください。そして何より大事なのは食べ残さないこと。きれいに食べれば後片付けも楽なので、食べ切れる量をつくるように心がけましょう。

◎ まずは汚れを軽くふきとっておく

汚れがべったりついていたら洗うのが大変。キッチンペーパーや古タオル、スクレイパーなどで、汚れを軽くふきとってから洗えば、洗剤も水も少量で済みます。

↑スクレイパーは皿に密着して汚れを集める

◎ 水につけておくと汚れが落ちやすい

水をはったバケツなどの中に食器をつけておいて、汚れを浮かせておくのも◎。油汚れがひどいものは分けておかないと、すべて油でぎとぎとになってしまうので要注意。

↑汚れをふきとったあと水の中へ

◎ 自然乾燥させれば片付けも楽ちん

布巾でいちいち水気をふきとるのは手間がかかります。晴れた日は水切り用のネットに入れて自然乾燥させましょう。かごや網に並べておくだけでもよく乾きます。布巾や台ふきもいっしょに干しておけば、次の食事にも使えます。

➡水切り用のネットは木などにぶら下げて使う

Point

キャンプに合った片付けグッズを探そう

たわしは洗剤を使わなくても油汚れや焦げを落とせます。スポンジワイプというヨーロッパでよく使われている台ふきは、天然素材でできていて土に戻るのが特徴。キャンプに合ったエコなグッズを探してみましょう。

↑左からステンレスたわし、スクレイパー、スポンジワイプ。100円ショップで購入できるものも

火器の片付けとメンテナンス

焚き火台やバーナーなど、料理に使った火器はその後のメンテナンスが大事です。
次のキャンプで心地よく使うためにも、きちんと手入れをしておきましょう。

グリルのメンテナンス

バーベキューなどに使うため、油や食品の燃え残りなどがつきます。全体的に汚れをふきとったあと、洗剤でしっかり落としましょう。焼き網は、汚れをとったあと、サラダ油などを塗っておくと、さびにくくなります。

1.

新聞などでざっと汚れをふきとり、焦げつきはたわしでこする。

2.

洗剤で汚れを落とす。落ちにくいときは、重曹やクレンザーを使う。

3.

しっかり乾燥させる。

4.

ネジのゆるみなどを点検して、室内で保管する。

焚き火台のメンテナンス

料理で使っていない場合は、すすを落とすだけでOK。汚れが気になるときは、かたくしぼったぞうきんでふきとっておきましょう。料理に使った場合は、油が残っているとさびの原因になるので、グリルと同様にしっかりメンテナンスをします。

1.

ブラシなどを使って、すすを落とす。

2.

たわしを使うと、傷がついてしまうことがあるので注意。

3.

気になる汚れはぞうきんでふきとって、室内で保管する。

Point

熱々のグリルや焚き火台に水をかけてしまうのはNG！ステンレスなどの金属は、急な温度変化に弱く、変形や変色の原因になります。

ガソリンツーバーナーのメンテナンス

　料理で使用しているので、油まみれになりますが、水洗いはできません。中性洗剤を染みこませてかたくしぼった布などできれいにふきとります。バーナー部分は簡単に分解できるので、すすや汚れをブラシなどでこすりとります。慣れてきたら、ジェネレーターやポンプのパッキンの交換にも挑戦してみましょう。

汚れは焦げつきの原因。中性洗剤を染みこませた布などできれいにふきとる。

ポンプカップが乾くとポンピングに不調をきたす。ポンプ脇の注入口から専用のオイルを補給する。

燃料キャップをゆっくり開けて空気を抜く。ガソリンは缶に戻しておく。

ガソリンランタンも忘れずに！

　LEDランタンと違って、ガソリンランタンは使用後のメンテナンスが欠かせません。基本的にガソリンツーバーナーと同じですが、ひとつ異なるのはランタンの明かりとなるマントル（中央の袋状のもの）の手入れが必要なこと。穴が空いていると光が弱くなり、炎がはみ出てグローブが割れることも。マントルが破損していないか確認し、もし破れていたら交換しましょう。

グローブを外して、すすをふきとる。割れやすいので取り扱いに注意。

保管中にポンプカップが乾かないようにオイルを補給しておく。

燃料キャップをゆっくり開けて空気を抜く。燃料がたくさん残っている場合は缶に戻す。

保冷のための重要アイテム！

クーラーボックス

ハードタイプとソフトタイプがあり、それぞれ形や大きさはいろいろ。
クーラーボックスを上手につかうコツもお教えします！

ハードタイプ

密閉性が高く、保冷力に長ける。強度があり、フタの上をミニテーブルにできる場合も。ただスペックの高さに比例して値段が高い傾向にある。空のときにも重くてかさばりがちち。

⬇️タイヤ付きで移動がラクラク。連泊のときにも頼りになる約58Lの大容量。●コールマン／エクストリームホイールクーラー/62QT（エバーグリーン）／1万8480円／コールマンカスタマーサービス

⬆️約5cmの分厚い断熱材と気密性の高いパッキンで「氷を7日間保つ」と名高い。●YETI／ローディ24／5万600円／A&F

ソフトタイプ

本体そのものが軽く、使用後はコンパクトにできて省スペース。ショルダーベルトなどがあって大型でも持ち運びやすい。ハードに比べると保冷力は弱めだが、年々パワーアップしてきている。冷やしたいものやシーンに応じて使い分けるのがベスト。

⬅️重たくても運びやすい。フタ裏のポケットに保冷剤を入れておける。●キャプテンスタッグ／リュック型クーラーバッグ／6050円

⬇️断熱層が二重で保冷力アップ。浅めで中身が見やすく、出し入れも手間なし。●シアトルスポーツ／フロストパック25クォート／9900円／A&F

リュック型だと
持ち運びが楽ちん

下の段は仕切り
付きで容量大

➡️上下2層の個性派デザイン。出し入れの頻度で分けることで高い保冷力をキープ。●AS20V／TPU WELDER／4万700円／アンバイ ジェネラルグッズストア

クーラーボックス Tips！

冷気は下にいくので、保冷剤を置くのは一番上。クーラーボックスは地面に置かず、スタンドに載せておくと保冷効果が持続します。ドリンクが多いときは、専用のボックスをつくるのがおすすめ。食材用のクーラーボックスの開け閉めが減らせて、食材を冷たく保てます。

商品説明凡例：ブランド名／商品名／価格（税込）／問合せ先（ブランド名と問合せ先が同じ場合は記載なし）

CHAPTER 05

キャンプの
お楽しみ

焚き火などアウトドアのお楽しみは盛りだくさん。
自然の中で自由に遊びましょう

キャンプは火がないと始まらない！

火をおこす準備

火を間近で感じ、火に親しめるのがキャンプのよさ。
キャンプ料理や観賞用の焚き火など、いろいろな場面で火を使って楽しみましょう。

キャンプで使う火の種類

主役は焚き火と炭火の2種類。薪や炭から火をおこすので、ふだんキッチンで使っているコンロとは、使い勝手も料理の味わいも違ってきます。焚き火は火を囲んで暖を取って温まったり、明かりの代わりにしたりと、テントサイトを盛り上げてくれます。火力を上手に操ればさまざまな料理をつくることもできます。

● 焚き火

薪の種類や太さ、組み方により空気の入り具合などが変わり、燃え方やスピードも変化します。料理には炎が落ち着いた「熾火(おきび)」を使い、小枝を追加するなどで炎を上げて強火にしたり、空気が入りにくいように組みかえて炎を抑え弱火にするなど調整ができます。焚き火を純粋に楽しむことで火力の調整ができるようなります。

● 炭火

キャンプ料理の定番、バーベキューに使われる火です。炭火独特の香ばしい味わいはキャンプ飯の醍醐味。使い方は簡単で、グリルや焚き火台に炭を入れて網をかけ、その上で食材を焼くだけ。火力調整も比較的簡単なので初心者でも安心。慣れてきたらローストビーフ（→p.111）などのダッチオーブン料理にも挑戦してみましょう。

⬆近年は地面を直火で焼かないように焚き火台を使うのが主流

⬆炭火料理はみんなで囲んで楽しめるのが魅力

火をおこす前に

焚き火や炭火はバーナーと違って、火の粉が飛んだり、薪を加え過ぎると火が大きくなりすぎたり、炎に大きな動きがあります。その炎の動きをしっかり管理しないと、テントに燃え移って火事になってしまうことも。火をおこす場所の選定や、火力の調整、後始末などを注意して行い、火事やケガを防ぎましょう。

ほとんどのキャンプ場で直火は禁止！

直火禁止のキャンプ場では焚き火台を使うことはもちろんのこと、鉄板や木の板、難燃シートが用意されていて、その上で焚き火台を使用する場合もあります。また、焚き火をしてもよいエリアが決まっていることもあるので事前に確認しておきましょう。

⬆テントサイトが芝生の場合、火のついた薪が落ちると芝生が焦げてしまう

風が強い日は火の扱いに気をつけて

風にあおられて急激に火が大きくなり、タープなどに燃え移ることがあります。また、細かい火の粉が飛ぶと、テントやタープ、衣服に穴を空けてしまうので要注意。ひどい強風のときは、火をおこすのをあきらめましょう。

テントサイトの風下に配置しよう

焚き火や炭火は、テントやタープの風下になるところに設置しましょう。風下に火元があれば、煙や火の粉を浴びずに済みます。

周辺サイトに迷惑にならないように

テントやタープから遠ざけて、みんなが集まりやすいところにしてと、火をおこす場所を決めているうちに、他人のテントの真横で焚き火をしていたなんてことも。周辺サイトへの配慮も忘れずに。

火を扱うときは水を用意すること

焚き火や炭火を使っているときに怖いのは、衣服やテントなどに燃え移ってしまうこと。すぐに消せるように、焚き火の側に必ず水を用意しておきましょう。

⬆折りたたみのバケツが便利

夜の焚き火はしっとりと楽しんで

焚き火を囲んで仲間と騒ぐのも楽しいですが、テントサイトにはご近所さんがたくさんいます。炎を囲んでほっとひと息つく。キャンプでしか味わえない最高の瞬間はしっとりと楽しみましょう。

焚き火をおこす方法

焚き火をおこすのは難しいと思われがちですが、着火剤を使えば簡単に火がつきます。
薪の組み方を少し工夫すれば、あっという間に立派な焚き火の完成です。

焚き火に必要なもの

①着火剤は固形とジェルがあります。②軍手は薪拾いや薪割りに使い、火を扱うときは燃えにくい③焚き火用のグローブを着用します。④トングは火のついた薪をつかむのに必須。ライターより⑤ガストーチのほうが手軽に火をつけやすいですが、やけどには注意してください。火力を上げるための⑥うちわがあると便利です。

着火剤で火をつける

新聞紙と小枝で火をおこす方法もありますが、手慣れていないと時間がかかります。また、新聞紙は風で飛びやすく、燃え移ると危ないので注意が必要です。簡単かつ安全なのは、市販の着火剤で火をおこす方法。着火剤に乾いた松ぼっくりやスギの葉を追加するのもおすすめです。

Ⓐ松ぼっくりやスギの葉は油分を含んでいて火がつきやすい、天然の着火剤 Ⓑ市販の着火剤。糸くずや間伐材のブロックにワックスなどを染みこませてある

焚き火をおこす手順

ここでは固形の着火剤を使った方法を紹介します。ポイントは最初から大きな薪に火をつけようとしないこと。着火剤に火がついたら、細い薪から徐々に太い薪へと、火を移していくようなイメージで焚き火をつくります。最初は空気が入りやすいように組み、炎が安定してきたら組み方を調整します。

1. 焚き火台の上に着火剤を載せる。その上に細い小枝を並べる。小枝のほかに、松ぼっくりやスギの葉などを追加するとよく火がつく。

2. 小枝の上に、少し太い枝を載せていく。下から上へ徐々に太くなると◎。枝の代わりに薪を細く割ったものでもよい。

3. 太い枝の上に薪を載せて準備完了。火を燃え上がらせるためには空気が必要なので、枝や薪を交差させて隙間をつくるとよい。

4. いちばん下の着火剤にガストーチなどで火をつける。火の勢いが弱いときは、横からうちわであおいで空気を送る。薪に火がついたら大成功。

料理時の簡単な火力の調整方法

火の扱いに慣れていないと、薪を足したり火のついた薪を崩したりして、火力を微調整するのは難しいため、焚き火料理の火加減は、鍋の高さを変えて調整するのがいちばん簡単です。火元から離して弱火、近づけて強火にできます。放っておくと火が消えてしまうので、薪を追加するなどして炎を維持しましょう。

→焚き火を使った料理は鍋などを火の上に吊るして料理する方法がいちばん手軽。これで火力調整をするコツを学ぼう！

炭火をおこす方法

炭火は比較的扱いやすく、着火もコツをつかめば簡単なので、はじめての方におすすめです。グリルを囲んでみんなでわいわいバーベキューを楽しみましょう。

炭の種類

　炭の素材や焼き上げるときの温度で、いくつかの種類に分けられます。キャンプでよく使われているのは成形木炭と黒炭です。どちらもホームセンターやキャンプ用品店で購入することができます。安価で火をつけやすく、野外料理に向いています。

成形木炭

木炭の粉末を圧縮して固めたものや、おがくずを固めて焼き上げたものなど。着火剤が塗られたものも。扱いやすくて安価なのが特徴。

黒炭

ナラ、クヌギ、カシなどを低温で焼いた炭。国産のものは火のつきがよく、嫌なにおいがない。安定した火力で灰も少なく、扱いやすい。

白炭

ウバメガシなどを高温で焼いて炭にした、いわゆる備長炭。直火料理に向き、燃焼時間が長く安定している。火がつきにくいのが難点。

用意するもの

　焚き火のときと同じ道具を使います。火をおこすための着火剤とガストーチ、作業用の軍手と燃えにくい素材のグローブ、トングを用意しておきましょう。うちわも火力の調整によく使うので必須です。火のついた炭を消火する火消し壺や、たくさんの炭に一気に火をつけられる火おこし器（→p.142）なども便利です。

Point

国産木炭がおすすめ

木炭には輸入品と国産のものがあります。輸入品は安価で手に入れやすいですが、形が不揃いで持ちが悪いことがあります。国産の木炭は少し高価ですが火持ちがよく、型崩れしにくいです。火消し壺などで炭を再利用するなら、国産木炭がおすすめです。

炭火をつける手順

着火剤に火をつけると、火が炭を組み上げた塔の中を昇っていくしくみです。たくさんの炭にまんべんなく火をつけられます。ポイントは塔を筒状にすること。筒の中を温められた空気が昇っていくのにともない、火が上へと移動していきます。

1. 炭で円を描き、真ん中に着火剤を置く。トーチで着火剤に火をつけるための窓を1カ所だけ空ける。

2. 崩れないように注意しながら、炭を組んでいく。ポイントは炭でつくった塔の中心を空けておくこと。

3. 上にいくほど炭の数を減らして、4〜5段組む。いちばん上は1個のせるだけでもよい。炭の塔の完成。

4. いちばん下の段に空けておいた窓からトーチを挿し、着火剤に火をつける。一瞬で塔の中に火柱が立つ。

5. しばらく置いて、炭に火をつける。写真は塔の内部を見たところ。赤々としていたらしっかり火がついた証拠。

6. 着火したら塔をばらす。塔の内部に向いていた面しか着火していないが、しばらくすれば炭全体に火が入る。

炭火の火力の調整

ツーブロックで火力を分ける

炭をたくさん置く場所と置かない場所を用意して、グリルの中を2つのブロックに分ける方法です。火力を弱めたいときは、炭のないところへ食材を移動させます。炭を減らした中火をつくってスリーブロックにすることもできます。

↑左側が弱火で、右側が強火。中火は真ん中に崩れた炭を少し置く

火の扱いの注意点

キャンプで多いケガは、焚き火や炭火、グリルなどの火器でのやけどです。
ふだんから使い慣れていない火だからこそ、十分に気を使って、安全に楽しみましょう。

安全に楽しむために

　焚き火や炭火は、火の粉が散ったり、火が燃え上がったりするので、扱いには十分気をつけましょう。また、着火剤やガス器具などは、誤った使い方をすると火事や爆発の原因になってしまうので、必ず取り扱い説明書を読んで、正しく使ってください。

● 燃えにくい素材の服や手袋を使う

厚手の綿素材は、火がついても燃え広がりにくく、火の粉が飛んできても払えば落とすことができます。一方、ナイロンやフリース素材は、火の粉がつくと一瞬で穴が空いてしまいます。ひどいときは溶けてくっついたり、生地の表面に燃え広がったりするので注意が必要です。

NG

ナイロンは溶けやすく、火の粉で小さな穴が空いてしまう。ウールの手袋も火の粉で穴が空いたり、焦げたりするので使用しないように。軍手は焦げやすいので要注意

OK　レザー製の焚き火グローブや、コットンをベースとした難燃性のエプロンなど、焚き火用のグッズやウエア（→p.143）を使いたい

⬆燃えにくい素材の手袋なら、火の中へ薪を投げるときも安心

地面はできるだけ平らなところを選ぼう

斜めになっているところや、でこぼこが多いところなど、安定しない場所に焚き火やグリルを設置するのはNG。何かの拍子に倒れたりすると、とても危険です。できるだけ平らなところに設置しましょう。

→調理中の鍋やフライパンなどがひっくり返らないよう、平らで安定感のあるところにキッチンを配置しよう

ガス器具の使い方を誤るととても危険！

卓上コンロやバーナーなど、ガス器具は誤った使い方をすると爆発する危険も。高温になる真夏の車内にガス缶を置き去りにするのもNG。必ず取り扱い説明書を読んで正しく使いましょう。

→卓上コンロのガス部分を覆うのは、ガスが温められて危険。バーナーで炭に火をつけるのもダメ！

着火剤の継ぎ足しはNG

ジェル状の着火剤は、絶対に継ぎ足しをしてはダメ。火の近くは高温になっています。継ぎ足すためにボトルを近づけた瞬間、ジェルが気化してあっという間に燃え移ります。

炭火は完全に消すこと

炭の赤さがとれただけでは火は消えていないので、軍手などでさわらないように。必ずトングを使います。炭は水につけるか、火消し壺などに入れて空気を遮断して完全に消しましょう。

↑まだ使えそうな炭は火消し壺などに入れ、消し炭にして再利用。消し炭は火がつきやすくて便利

木の種類によって燃え方が異なる

スギの薪はキャンプ場でよく売られています。スギなどの針葉樹は燃えやすいですが火持ちが悪く、カシやナラ、ブナなどの広葉樹は火がつきにくいですが、火持ちがよいです。

↑鉈を使って、自分で薪をつくるのも楽しい

←ジェルに火がついたら一瞬でボトル全体が炎に包まれる危険も。絶対に継ぎ足しはNG！

141

焚き火を安全に楽しむ
ファニチャー&グッズ

火おこしを楽にしてくれるアイテムや、難燃性のウエアなど、
焚き火に使えるアイテムがいっぱい！

火おこしを
時短できる

ラクに火おこし＆
火消しできるセット

👆水かけ不要で自然に消火できるため、炭
の再利用が可能。●キャプテンスタッグ
／火消しつぼ 火起し器セット／6600円

操作も
簡単

火おこしを
スピーディーにする
優れモノ

👉使用後はパタ
ンと折りたたむだ
け。●ユニフレー
ム／チャコスタⅡ
／4950円／新
越ワークス

着火剤を
入れて炭を
載せておく

最大1300℃の
強力な炎のガストーチ

👉安全性の高い構造。火起こしやあぶり料
理に。●SOTO／フィールドチャッカー（ボ
ンベ1本付）／3080円／新富士バーナー

効率的に火おこしが
できる火吹き棒

👉ピンポイントで空気を送
り込める。火から顔を遠ざ
けられるメリットも。●ベ
アボーンズ／テレスコーピ
ングファイヤーブロアー／
3520円／A&F

伸ばすと
最長86cmに

太いから細い枝まで
つかみやすいトング

👆ダッチオーブンなどを持ち
上げるリフターとしても機能。
●テンマクデザイン／キング
トング／1408円／カンセキ
WILD-1事業部

トングの先が、
フックのように
なっている

マッチのように
擦れる着火剤

👉1度の着火で8分間
燃焼。着火剤として有
用。●ファイヤーライ
ター／ファイヤーライ
ター／660円／A&F

薪の準備にお役立ち

薪を載せて運べる バッグ兼スタンド

⬆薪を地面に直置きしないことで濡らさずに保管できる。●DOD／となりのまきちゃん／7550円／ビーズ

バッグとして使ったあと、そのままスタンドに

パワフルさが魅力の ナタセット

➡太い薪を割るのはもちろん、樹皮を剥ぐなど細かい作業も行える。●ベアボーンズ／ジャパニーズナタハチェット／1万1000円／A&F

収納袋付き

ねじりと先細りの形が木の繊維を引き裂く

斧で割れない 手強い薪に

⬅2本を交互に打ち込んで使う。●ファイヤーサイド／ねじりクサビ／2530円

火の粉対策もバッチリ

延焼を防ぐ 優秀なフリース

⬇火の近くでは燃え広がりにくいウエアを身にまとおう。●オレゴニアンキャンパー／ファイヤプルーフ マイヤー焚き火ブルゾン／1万4850円

燃えにくいガラス繊維生地でできている

焚き火台の下に広げて 地面を守る

⬅汚れても簡単に落とせる。●DOD／タキビバビデブー M／3940円／ビーズ

指が曲げやすい 牛革グローブ

⬅焚き火をするなら、手先まで安全対策を。●オレゴニアンキャンパー／キャンパーグローブ 3D／4400円／トラウター

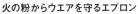

火の粉からウエアを守るエプロン

⬅難燃コットン製で穿くタイプのエプロン。●オレゴニアンキャンパー／難燃エプロンチャップス／8690円／トラウター

水遊びを楽しもう

水辺のキャンプ場なら、水鉄砲で水浴びをしたり、魚採りをしたり、
思う存分水の中で遊びましょう。水遊び用のシューズがあると安心です。

真夏は水辺のキャンプ場で水遊びを楽しむ

真夏におすすめなのが、水辺のキャンプ場です。川辺のキャンプ場のなかには、河原にテントサイトがあり、川のすぐそばでキャンプを楽しめるところも。海の近くなら、歩いて海水浴場まで行けるキャンプ場や、海岸近くで釣りができるキャンプ場もあります。水遊びをするときは雨による増水などに注意し、安全に楽しみましょう。

⬆水遊びは夏キャンプの醍醐味！

水遊びで注意したいこと

◯ 水深の変化に 気をつけよう

岸の近くでは膝下くらいの水深でも、少し進むと急に深くなり、ときには足がつかなくなることもあります。水深が深いところは、水面の色が濃く見えることが多いので、水に入る前に川や海のようすをしっかり観察しましょう。

◯ 弱い水流でも 油断大敵

膝くらいの水深があると、弱い水流でも歩くのは簡単ではありません。水流が強ければ、足を取られることもあります。海は波が弱くても、気がついたら岸が遠くなっていることがあるので、周りを見ながら遊びましょう。

◯ 川は雨による 増水に要注意

キャンプ場が晴れていても、上流で大雨になっていれば増水することがあります。大きな入道雲がないか、川の水位に変化はないかなど、雨のサインに気をつけましょう。増水したときは絶対に川に近寄らないように。

水遊び用のグッズだと快適＆安心

　水遊び用のシューズには、ぬるぬるした川底でも滑りにくい、流れがあっても脱げにくいなど、水の中でも安心して歩ける機能を備えています。海でも川でも、流れがあるところでは、ライフジャケットがあると安心して遊ぶことができます。

➡子ども用のシューズ。水はけのよいメッシュ素材で、足元が重くならない。足首までしっかり覆ってくれる。●モンベル／アクアソックKid's 16-21／8800円／モンベル・カスタマー・サービス

ライフジャケットでより安心に！

➡アウトソールに独自に配合したゴムとソールパターンを採用。水中の岩でもしっかりグリップする。●モンベル／アクアグリッパーサンダル／6600円／モンベル・カスタマー・サービス

➡接地面が広くてフラットなので、岩に吸い付くようにグリップする

➡子ども用のライフジャケット。フロントファスナーで脱ぎ着しやすく、バックルで簡単に固定できる。●モンベル／アクアファンKid's L／4620円／モンベル・カスタマー・サービス

河原の石で遊ぼう

水切り

投げた石が水面を跳ねるようにして飛んでいきます。石が水面を何回跳ねたか、みんなで競いましょう。コツは腕を水平にして、しっかり振ること。石選びも重要です。

人差し指と親指で、石を囲むようにして握る

石は平たくて少しカーブしたものを選ぶと、よく跳ねる

腕を水平にする

できるだけ低い位置から投げる

ロックバランシング

石を何個積めるかを競ったり、美しい塔のような形に積んでみたり、自分でルールを決めて楽しめます。絶妙なバランスで石を積み上げ、おもしろいアート作品をつくりましょう。

「どうやって立っているの?!」と、みんながおどろくような作品をつくってみよう！

商品説明凡例：ブランド名／商品名／価格(税込)／問合せ先(ブランド名と問合せ先が同じ場合は記載なし)

※問合せ先は巻末のP175参照

街中では見られない草花や木の実に出合う

植物観察をしよう

森林や草原、海辺や川辺など、キャンプ場の環境ごとに異なる植物が見られます。
いろいろなキャンプ場で草花や自然の植物の観察をしてみましょう。

どんなキャンプ場でも植物観察はできる

森林の中のキャンプ場でなくても、海辺や川辺、草原など、どんなキャンプ場でも草花は見られます。じっくり時間をかけて1つの花の形を観察してみると、形や色など新たな発見が得られることも。写真を撮って、見つけたものをみんなで披露し合うのも楽しいです。何をどんなふうに観察するか決めれば、自由研究のテーマにもなります。

⬆キャンプサイトの草地にも小さな花が咲いているかも。探してみよう！

植物観察に便利なグッズ

花のつくりなどを観察するのに便利なのが、虫眼鏡やルーペ。手のひらサイズのものや、スマートフォンに取り付けてマクロレンズとして使えるものなどがあります。

マクロレンズ

クリップ型のマクロレンズで、スマートフォンのカメラのレンズ部分にはさむことで小さなものを拡大して撮影できます。

ルーペ

細部を観察するのに便利。キーホルダー型のものや、手のひらサイズのものなど、いろいろなタイプがあります。

顕微鏡

花びらや葉の表面を観察するのに役立ちます。コンパクトなものだと持ち運びしやすいです。

図鑑

見つけた草花の名前を調べるために、図鑑を用意しておきましょう。花の色で分類されている図鑑だと、草花初心者でも調べやすいです。

図鑑があるともっと楽しい！

『これ何？がわかる草花図鑑』（JTBパブリッシング）

木の実で遊ぼう

どれがいちばんよく
回るか競争しよう！

2cmくらいに切った
つまようじを刺す

ドングリゴマ

ドングリの帽子（殻斗）をとって、つまようじを刺します。つまようじを少し切っておくと、回したときにバランスが取れます。

先がとがっている
と回しやすい

マスとりゲーム

2種類のドングリを5個ずつ用意します。交互にドングリを置いていき、縦横斜めのいずれかで3つそろえたほうが勝ち。どこでもできて、準備も簡単な遊びです。

木の枝で
マスをつくる

↑葉っぱや花など、いろいろなもので代用できる

ドングリ①

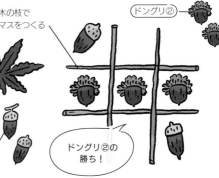

ドングリ②

ドングリ②の
勝ち！

植物観察で注意したいこと

● かぶれや毒に注意！

植物によっては、さわるとかぶれて、かゆみが出ることがあります。注意したいのは、ウルシやイラクサ、センニンソウなど。また、口に入れると腹痛などを引き起こす、毒のある植物も要注意。ヨウシュヤマゴボウやドクウツギの実は、見た目がおいしそうでも毒があるので食べてはいけません。図鑑やインターネットで調べておきましょう。

➥秋になると紅葉する
ウルシの葉

● トゲに注意！

草地や森林に入ると、ノイバラやハマナス、サンショウなど、トゲがある植物が生えています。アザミなど、どこにでもはえている雑草の中にもトゲがするどく、さわると痛いものがあります。植物観察をするときは、長袖・長ズボンで肌を守りましょう。軍手を用意しておくと、草をかき分けたり採取したりするときに安心です。

➥ノイバラの花。枝に
トゲがあるので注意

散策しながらさまざまな野鳥に癒やされる

バードウォッチングをしよう

野鳥の姿が見つからなくても、キャンプ場をぶらぶら散策しながら野鳥の声に
耳をかたむけるだけでも気持ちのよい時間を過ごせます。

自然豊かなキャンプ場には野鳥がたくさん

林の中のキャンプ場では、たくさんの小鳥のさえずりが聞こえてきます。水辺のキャンプ場でも、カモやサギなどの水鳥を見られます。自然豊かなキャンプ場で、バードウォッチングを楽しみましょう。おすすめは冬から春。木々の葉が落ちているので鳥を見つけやすく、じっくり観察できます。

➡野鳥観察は早朝がおすすめ。散策がてら野鳥探しに出かけよう！

バードウォッチングに便利なグッズ

双眼鏡があると、力いっぱい鳴いているようすや、しっぽをふっているようすなど、野鳥のしぐさまで観察できます。見つけた野鳥の名前を調べるための図鑑も便利です。

双眼鏡

視野が広くて使いやすいので、初心者には倍率が8倍のものがおすすめです。

➡コールマンとコラボした本格的な双眼鏡。約300gと軽量で、ポケットにも収まるコンパクトサイズ。●ビクセン／Vixen/双眼鏡 コールマンH8×25／オープン価格／ピクセンカスタマーサポート

入門書

➡約200種の野鳥図鑑や野鳥観察の基礎知識など、はじめてのバードウォッチングにぴったりの内容。全国55カ所の探鳥地ガイドも掲載。かわいい鳥に癒やされよう。

『はじめての野鳥観察』（JTBパブリッシング）

双眼鏡で観察してみよう

双眼鏡をのぞいた状態で野鳥を探すと、視界がせまく、なかなか見つかりません。まずは肉眼で野鳥の姿を探し、見つけた瞬間にさっと双眼鏡をのぞくのがポイントです。

野鳥の鳴き声や、草や葉がすれる物音などを頼りに、野鳥の姿を探す。

見つけても頭を動かさない

双眼鏡をのぞいたあと、ピントリングで焦点を合わせる。

目の前に双眼鏡をかまえる

大きさから野鳥を識別する

基準となる鳥の大きさを覚えておきましょう。見つけた鳥がどの鳥の大きさに近いかがわかれば、図鑑で調べやすくなります。

スズメ

14cmくらい
スズメと同じくらいだといわゆる小鳥。スズメより小さい野鳥は少ない。

ムクドリ

24cmくらい
ひと回り大きい鳥に、ヒヨドリがいる。どちらも街中でもよく見られる。

ハト

30cmくらい
コガモなど、小さめの水鳥はハトと同じくらいの大きさ。

カラス

55cmくらい
カモやサギなどの水鳥や、トビやタカなどの猛禽類がこのサイズ。

Point

スズメと同じくらいの大きさの小鳥たち

林の中や平地のキャンプ場でよく見られるカラフルな小鳥たちを集めました。
どれもとってもかわいいので、ぜひ探してみてくださいね。

シジュウカラ
頭が黒い

メジロ
体が緑色

ホオジロ（オス）
ほっぺたが白い

ジョウビタキ(オス)
腹がオレンジ色

カワラヒワ
羽の一部が黄色

アオジ（オス）
腹が黄色

夏は昆虫探しのオンシーズン！

昆虫探しをしよう

夏はカブトムシやクワガタムシ、セミなど、いろいろな昆虫が見られる季節です。
夏キャンプではぜひ昆虫探しを楽しみましょう！

キャンプ場で昆虫を探してみよう

林の中や草原へ出かけると、いろいろな昆虫に出合います。昼は大きな声で鳴くセミや、林間をひらひらと飛ぶチョウ、夜は美しい模様のガや、樹液に集まるカブトムシなど、昼と夜で見られる昆虫が違いますので、一日中、昆虫探しを楽しめます。

👉 夜の昆虫探しは子どもだけで行動せず、大人もいっしょに楽しもう

昆虫探しのときは肌を出さない服装で

林の中や草原は、蚊やアブなど、皮膚を刺してくる昆虫もいます。長袖・長ズボンで、肌を出さないようにしましょう。足元はサンダルではなく、スニーカーなど、脱げにくい靴にします。スズメバチは黒いものに寄ってくるので、髪の毛を隠すために帽子をかぶっておくと安心です。

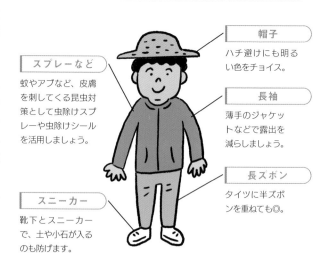

スプレーなど
蚊やアブなど、皮膚を刺してくる昆虫対策として虫除けスプレーや虫除けシールを活用しましょう。

スニーカー
靴下とスニーカーで、土や小石が入るのも防げます。

帽子
ハチ避けにも明るい色をチョイス。

長袖
薄手のジャケットなどで露出を減らしましょう。

長ズボン
タイツに半ズボンを重ねても◎。

昆虫探しで注意したいこと

スズメバチなどの危険生物に注意

スズメバチに遭遇したら、静かにその場を立ち去りましょう。夏の林や草原では、マムシに出合うことも。かまれてしまったら、毒を出すために傷口をしぼること。口で吸い出してはいけません。スズメバチに刺されたり、マムシにかまれたりしたら、できるだけ早く病院へ行きましょう。

昆虫採集が可能か確認すること

昆虫採集が禁止のキャンプ場もあるので、事前に確認を。昆虫採集ができるキャンプ場であっても、一度にたくさんの昆虫をとるのはNG。つかまえた昆虫を別の場所で放してはいけません。もともといなかった土地に住みついた場合、その土地の生態系が乱れてしまいます。

暑さ対策を必ずしよう

休憩と水分はこまめにとりましょう。夏の林の中は、風が通らないと蒸し風呂のようになります。また、草原は日差しをさえぎる場所がないと、直射日光にさらされることも。濡れたタオルで首元を冷やす、帽子とフード付きのジャケットで日焼けを防ぐなど、暑さ対策は必須です。

昆虫探しに便利なグッズ

　昆虫を間近で観察したいときは、プラスチック製の虫かごや、透明なタッパーがあると便利です。軍手はヤブをかき分けるときなど、手を保護したいときに使えます。

軍手
ヤブをかき分けたり、昆虫をつかまえたりするときに使います。

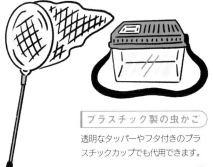

懐中電灯
夜の観察には必須。遠くまで照らせるものが◎。

\ 昆虫を探しに出かけよう！/

プラスチック製の虫かご
透明なタッパーやフタ付きのプラスチックカップでも代用できます。

ピンセット
木の幹の間にはさまった昆虫をつまむときに。

虫取り網
柄が伸縮して、長く伸びるものもあります。

← 夏の昆虫といえばクワガタムシ！

← アサギマダラは夏に見られる美しいチョウ

テントサイトに広がる満天の星を眺めよう

星空観察をしよう

無数の星がきらめく夜空を眺めながら、星座や星を観察してみましょう。星座識別アプリ
など、最近は星空観察に便利なグッズがあるので、初心者でも楽しめます。

星空観察はキャンプの夜の楽しみ

満天の星のもと、テントサイトでのんびり
過ごすのはキャンプの楽しみのひとつ。せっ
かくなので星空を眺めながら、星座を探して
みるのはいかがでしょうか。郊外のキャンプ
場では、都会の空では見られないような小
さな星の輝きまで目に入り、たくさんの星座
が見られます。

➡夏キャンプでは、頭上に流れ
る天の川も見られるかも！

星空観察に便利なグッズ

星座を探すといっても、無数にある星の中から見つけ出す
のは至難の業。初心者におすすめなのが星座を識別してく
れるアプリで、さまざまな種類があります。月や惑星を見た
いときは、天体望遠鏡があると細部まで観察できます。

天体望遠鏡

月や惑星、星雲などを
拡大して見られます。
初心者向けのコンパ
クトなものや、低価格
なものも。

星座識別アプリ

スマートフォンのカメラを夜空にかざすと、星座
や星の名前を教えてくれるものや、GPSのデー
タから自分が見ている夜空を星座名とともに表
示してくれるものなど、さまざま。

夏の大三角と冬の大三角を探そう

夏の大三角は6月から9月に、冬の大三角は11月から3月に見られる星座です。それぞれ、時期や時刻によって見られる方角が異なるので、夏の大三角ははくちょう座から、冬の大三角はオリオン座からと、「見つけやすい星座」から探すとわかりやすいです。

夏の大三角の探し方

①はくちょう座の「十字」を探し、デネブ（A）を見つけます。
②天の川の両岸に、よく輝くベガ（C、こと座）とアルタイル（B、わし座）があります。ベガは織り姫、アルタイルは彦星で、七夕伝説に登場する星です。

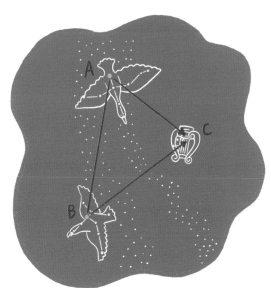

冬の大三角の探し方

①砂時計の形をしたオリオン座を探し、赤く光るベテルギウス(A)を見つけます。
②ベテルギウスより低い位置に、明るく輝くシリウス（B、おおいぬ座）があります。
③ベテルギウスとシリウスから、正三角形をつくるように線をのばし、交差したところにプロキオン（C、こいぬ座）があります。

雨のときにしかできないこともある！

雨の日のお楽しみ

晴れじゃないとキャンプは楽しくない…なんてことはありません！
雨のキャンプでしか味わえない楽しさを探してみましょう。

雨のキャンプの楽しみ方はいろいろ

　一日中、テントの中で読書にふけったり、しっとりと濡れる雨の森を散策してみたりと、雨のキャンプもなかなか乙なものです。レインウエアや傘など、雨対策をしっかり準備して、晴れのキャンプでは味わえない楽しさを探してみましょう。

⤵新緑の時期などは、雨に濡れると緑がみずみずしく映える

雨の日こそ森の散策をしてみよう

　みずみずしい木々の葉や、ツヤを取り戻したコケ、水浴びを喜ぶカエルなど、雨の森でしか出合えないものがたくさん。雨の森を散策するときは、レインウエアやポンチョ、長靴があるとよいです。でもじつは、背の高い木が立ち並んでいる森は、樹冠が雨をさえぎってくれるので、そんなにびしょ濡れにはならず散策できます。

⬆傘は木の枝などに引っかかると危ないので、レインウエアやポンチョのほうがおすすめ

雨音を聞きながらテントやタープの中で過ごそう

外で遊べないのなら、テントやタープの中でのんびり過ごしてみましょう。読書や映画鑑賞など、ふだんは時間がなくてできないことに没頭してみるのもおすすめ。事前に雨とわかっているときは、本やゲームを用意して雨のキャンプを楽しみましょう。

雨音を楽しみながら 読書やトークを楽しむ

雨が強くなければ、タープの下で雨音を聞きながらのんびりしましょう。読書にふけったり、コーヒーを飲みながら話をしたり、時間をゆったり使えます。

➡雨が降る前に、チェアやテーブルなどをタープの下へ配置して、リラックススペースをつくっておこう

みんなでできるゲームで 盛り上がろう

トランプやカードゲーム、ボードゲームなどを持ち込んで、みんなでわいわいゲームを楽しむのもよいです。軽量でコンパクトなものや、いろいろなゲームを楽しめるキットなど、アウトドア仕様のゲームやおもちゃもあります。

←手持ちのテーブルに取り付けて、どこでも楽しめる卓球セット。●チャムス／チャムスピンポン／4950円

↑オセロの盤面が描かれたクロスと、オセロのコインがセットに。四隅にウエビングループが付いているので、テーブルクロスとしても使える。●チャムス／パーティゲームテーブルクロス／5940円

↑カードとダイス、メモ帳がセットになったキットで、いろいろなカードゲームを楽しもう。持ち運び用のケース付き。●コフラン／ファイヤーサイドゲームキット2172／1980円／A&F

商品説明凡例：ブランド名／商品名／価格（税込）／問合せ先（ブランド名と問合せ先が同じ場合は記載なし）
※問合せ先は巻末のP175参照

ゆったり快適、夏場におすすめ

ハンモックを使ってみよう

ハンモックはキャンプならではの憧れのアイテム。読書にお昼寝、カフェタイムなど、
ゆらゆら揺れるハンモックに包まれて、のんびりした時間を過ごしましょう。

木の多いサイトで張ってみよう

　ハンモックはゆったり過ごすのに最高の
アイテム。蒸し暑い夏場は特におすすめで、
涼しい寝心地がやみつきに。ハンモックを
使うにはいくつかの条件があります。まず、
林間部のキャンプ場であること。ハンモッ
クを吊るせる木があり、さらに自由に空間を
使えるフリーサイトの場合のみ、ハンモック
を使用できます。使用できるかは事前に確
認しておきましょう。

➡木の間隔は重要で、3mくらいあるとよい。ハ
ンモックを吊るす高さは1人用だと150cmくら
いが◎

ハンモックで寝てみる

　上級キャンパーの間で人気なのが、ハン
モックで一晩過ごすこと。浮遊感と開放感
がくせになるのだそう。夏であれば蚊帳付

きのハンモックにして虫対策を。ダウン素
材でふっくら暖かなハンモックなど、冬向
けのものもあるので四季を通じて楽しんで。

⬆超軽量の蚊帳付きのハンモック。夜でも虫の心配
はなし。●コクーン／ウルトラライトモスキートネッ
トハンモック／1万5840円／A&F

⬆撥水ダウンを採用したアンダーハンモック。薄手
のハンモックと組み合わせて使う。●コクーン／ハン
モックアンダーキルト／3万580円／A&F

商品説明凡例：ブランド名／商品名／価格（税込）／問合せ先（ブランド名と問合せ先が同じ場合は記載なし）

ハンモックの吊るし方

　ハンモックの他に、太いロープとタオルを準備します。まずタオルを木に巻いて、その上からロープをかけます。タオルをはさむことで、ロープがこすれて樹皮を傷めるのを防ぎ、ロープがずれ落ちにくくなるというメリットも。ロープの結び方はいろいろありますが、ここでは最も簡単な方法を紹介します。

1. ロープを半分に折った状態で、タオルの上から木に巻きつける。

3. 図のように、ロープの先をハンモックの輪へ通す。通す向きに注意。

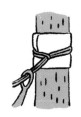

5. 裏から回り込ませたロープの先を、ロープとハンモックの間に通す。

2. 半分に折り返したところにロープの先を通して、しっかり締める。

4. ロープの先をハンモックの裏へ回り込ませる。輪をつかんでおくとねじれない。

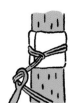

6. 木から離れすぎないように輪の位置を調整しながら、ロープを締めて完成。

木がなくても吊るせる!?

ハンモックスタンドで設営を楽ちんに

　ハンモックを使ってみたいけど、設営が難しそう…という方におすすめなのがハンモックスタンド。ハンモックスタンドがあれば、キャンプ場だけでなく、自宅の庭や近所の公園など、もっと自由にハンモックを楽しめます。

●専用のスタンドと、ハンモック本体、クッションをセットに。収納バッグ付き。
●ロゴス／３WAYスタンドハンモック／２万9700円／ロゴスコーポレーション・コンシューマー係

泊まるなら必須！

ランタン

夜になったらランタンの出番。
大きく分けて、LEDタイプとガスタイプのふたつがあります。

LED ランタン

火を使わないため、テント内で使える。やけどの心配がなく安全性が高い。虫が寄り付きにくく、静音なのもポイント。ただしガスランタンと比べると、光量が物足りなかったり、人工的な明かりに感じてしまったりする場合も。

➡存在感のある真鍮製。ホヤはガラスで、美しい輝きを放つ。●ベアボーンズ／レイルロードランタンLEDプラス／1万2980円／A&F

➡4つのパネルは取り外せてシェアOK。スマホの充電もできる。●コールマン／クアッド(TM)マルチパネルランタン／1万1800円／コールマンカスタマーサービス

パネルの他、本体部分にも照明がある

➡小型ながらも2200ルーメンの大光量。●クレイモア／ULTRA 3.0M／1万2980円／BSR

ガス ランタン

LEDよりも明るく、温かみのある空間づくりが得意。非日常感を引き立てる反面、ガスと火を使うため、扱いには注意が必要。マントルをカラ焼きする手順も必須だが、道具を使いこなすのもキャンプの醍醐味！

➡点火装置付きで着火がスムーズ。クラシカルなカラーデザインにも注目。●コールマン／2500ノーススターLPガスランタン(バターナッツ)／1万4960円／コールマンカスタマーサービス

小さな照明を活用しよう

夜にトイレへ行くときや手元を照らすときのために、ヘッドライトやミニサイズのランタンを用意しておきましょう。

⬇スノーピーク／リトルランプノクターン／6380円

⬆モンベル／リチャージャブル パワーヘッドランプ／4290円／モンベル・カスタマー・サービス

➡ゴールゼロ／ライトハウスマイクロフラッシュ／5280円／アンバイジェネラルグッズストア

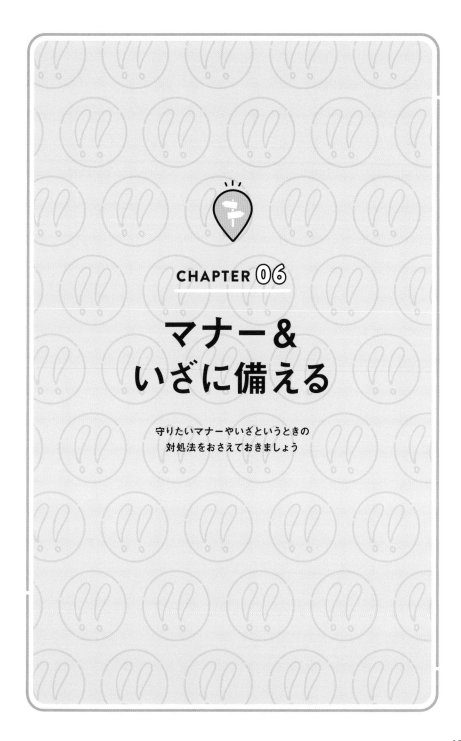

CHAPTER 06

マナー&
いざに備える

守りたいマナーやいざというときの
対処法をおさえておきましょう

みんなが気持ちよく過ごせるように

キャンプのきほんマナー

難しいことはなく、一般的な常識で大丈夫です。「みんなで楽しく過ごせる場をつくる」。それがキャンプのマナーの根底にあるものです。

マナーを守って楽しいキャンプ

　キャンプ場も日常生活と変わりなく、ご近所のテントサイトの迷惑にならないよう、そして同じ場にいる人たちが安全かつ快適に過ごせるように配慮するのが基本です。サイトの利用方法や就寝時間、ゴミの分別など、細かいルールはキャンプ場によって異なりますので、事前にホームページなどに目を通し、受付時に確認しておきます。マナーを守ってみんなで楽しめるキャンプにしましょう。

楽しいキャンプはあいさつから始まる

ご近所さんとは初対面だからこそ、きちんとあいさつをしましょう。数時間、数日のお付き合いかもしれませんが、あいさつを交わすだけでお互い心地よく過ごせるはずです。また、大雨やケガなど、思わぬアクシデントに困っている人を見かけたら、周辺の利用者と協力して援助しましょう。

他人のサイトを横切らないように注意！

フリーサイトでありがちなのが、他人のサイトに入ってしまうこと。区画がないのでわかりにくいですが、テントとタープの間などを通過しないようにご注意を。うっかり入り込んでしまった場合は、ひとこと断りを入れて横切らせてもらいましょう。

幕営禁止のエリアには絶対にテントを張ってはダメ！

キャンプ場で「幕営禁止」「テント禁止」とされているエリアには絶対にテントを張らないこと。そこに生えている植物を守るためだったり、キャンプ場の敷地外だったりと、理由はさまざまですが、ときには、大雨のときに増水して川になってしまうなど、安全管理が目的のこともあります。「立ち入り禁止」とされている場所も同様で、立ち入らないようにしましょう。

区画をはみ出さない
ようにしよう

ロープなどで区画が決められているサイトは、タープやテントを立てるときに、ロープがはみ出さないように気をつけましょう。特に車が乗り入れられる区画サイトの場合は、車とテント、タープでサイトがいっぱいになってしまうことも。テントとタープをドッキングしたり、小型のタープに変えたりして工夫を。

⤴自由にテントサイトをレイアウトできるフリーサイトでも周囲への配慮は怠らないようにしよう

お隣さんと近すぎないよう
適切な距離をとろう

よほど混雑しているとき以外は、お隣さんのテントのすぐ近くに、自分のテントを張るのは避けましょう。近すぎて物音などが気になるという理由もありますが、ロープが交差してテントを張りにくかったり、ロープだらけでつまづいて転んだりと、実際に不便なことも出てきてしまいます。

オートキャンプは
夜の車の移動を最小限に抑えて

キャンプサイトに車を乗り入れられるオートキャンプ。夜ごはんの買い出しに、近所の温泉へ、ちょっと近場をドライブに…と、夜に何度も車を移動させると、静かに過ごしたいご近所さんの迷惑になることも。夜に車で移動するのは最小限におさえるように。ドアの開閉やヘッドライトの明かりなど、音や光にも気を使いましょう。

⤴夜は車のそばでのんびり過ごそう

キャンプ場の草木を
むやみに切ったりしないで！

キャンプ場の敷地内の樹木は、キャンプ場の所有物なので勝手に取ってはいけません。そもそも、生きている樹木は「生木」といって、火が付きにくく、煙もたくさん出るので、薪には向きません。自然の中で遊ばせてもらっているという感謝の気持ちで、樹木や草花などの自然を大切にしましょう。

キャンプは早寝早起きが基本 夜は早めの就寝を心がけよう

焚き火を囲んでいつまでもキャンプの夜を楽しみたいところですが、もう就寝しているご近所さんもいるはず。車のエンジンをかけたり、食器の後片付けをしたりして、物音を立てるのはひかえましょう。キャンプの夜はもちろん味わい深いものがありますが、すがすがしい早朝から行動するのもおすすめですよ。

⬆静かな夜を楽しんだら、早めの就寝を

焚き火でゴミを燃やすのはNG 火の粉が飛んじゃう！

お皿をふいたあとのキッチンペーパーや、食品を包んでいた紙袋など、ちょっとした紙類を燃やしたくなるかもしれませんが、紙類は火がついた状態で飛んでいってしまうことがあるのでNGです。煙やにおいが出るので、基本的には薪以外は燃やさないこと。

⬆焚き火の薪はキャンプ場で販売していることも多い

周りの人はまぶしいかも…？ 夜は明かりの扱いに要注意！

ご近所さんが就寝しているのに、真夜中まで明かりをつけてのんびり過ごすのはNG。厚い生地のテントでも周りの明かりは入ってきてしまうので、ご近所さんはまぶしくて寝られないかも。トイレに行くときなど、深夜に移動するときのヘッドライトにも注意。周りのテントを直射しないようにしましょう。

スピーカーで音楽を聴くときは 周りに配慮して

テントサイトは区画が決まっているとはいえ、ご近所さんの音やにおいは筒抜けです。時間を問わず、スピーカーで音楽を聴くときは小さめの音で楽しみましょう。最近はスピーカーを禁止するキャンプ場もあるので、どうしても音が気になる人はそうした場所を選ぶのも手です。

キャンプ場の施設を使うときは美しく

炊事場の汚れをみがいたり、テントサイトのゴミを拾ったり、いつでもキャンプ場を美しく保てるように心がけて。特に撤収のときは「使う前よりも美しく」をモットーに、ゴミや燃えかすを掃除しましょう。ひとりひとりの気遣いで快適なキャンプ場になっていきます。

⬆炊事場はゴミがたまって詰まりやすいのできれいに処理を

焚き火の仕方や炭の片付けはキャンプ場のルールに従おう

最近は、直火可のキャンプ場はほとんどありません。焚き火台を使うのはもちろんのこと、地面を保護するための焚き火シートを必須として、貸し出すキャンプ場もあります。炭火の片付けは、炭捨て場に処理する方法や、燃えるゴミとして捨てる方法など、キャンプ場によってルールが違うので、確認しておきましょう。

⬆炭を捨てるときは必ずきちんと消火しよう

キャンプ場の施設は順番をゆずり合って

炊事場は昼食・夕食前には特に混雑します。長蛇の列に並んでいたら、昼食の時間が遅くなってしまったなんてことも。早めに下ごしらえをしたり、使用した食器を水につけておいたりして、混雑を避ける工夫を。炊事場だけでなく、シャワーやトイレなど、共同の施設は長時間独占せず、順番を譲り合いましょう。

⬆キャンプシーズンは管理棟の受付も混雑する。早めにチェックイン！

ゴミの分別はルールを守ってしっかりと

キャンプ場によってゴミの分別のルールが異なります。受付を済ませたら分別方法を確認しておきましょう。ビンや缶は軽くすいでから捨てます。ガス缶も回収してくれることがあるので捨て方の確認を。燃えるゴミはできるだけ小さく。ゴミを増やさないように工夫しましょう。

➡ゴミステーションも公共の場。みんなできれいに使おう

いまさら聞けないきほんのマナーやルール

キャンプのきほんQ&A

キャンプでよくある質問を集めました。
キャンプを始める前のちょっとした不安もここで解決！

Q キャンプ場がいちばん
混雑する時期はいつ？

A 海の日前後とお盆休み、
長期休暇は混みます

行楽地はどこも同じですが、ゴールデン
ウィーク、海の日前後とお盆休み、シルバー
ウィークは混雑します。特に夏の長期休暇
は、テント村と化すキャンプ場も少なくあ
りません。予約がシーズン開始早々に埋ま
ることがあるので、早めに連絡しましょう。

Q 区画サイトの場合、
予約時に指定できる？

A 指定できないことが多いので
キャンプ場に確認を

キャンプ場のホームページに、区画サイト
のマップなどが公開されていることがあり
ますが、予約の際にどの区画がよいか指定
することはできないことが多いようです。
ゴールデンウィークや夏休みなどの繁忙期
以外の空いている時期だけは、区画の指定
を受け付けているというキャンプ場もあり
ますので、予約の際に指定できるか聞いて
みましょう。

Q フリーサイトは早い者順で
使ってもよい？

A 混雑時は
譲り合って使いましょう

受付順に場所を決めることができるので、
人気の場所はどんどん埋まっていきます。
木の近くでハンモックを吊りたい、施設の
近くにサイトをつくりたいなど、具体的な
希望があるならオープンの時間に合わせて
受付を済ませましょう。また、混雑してい
るときは、広大なサイトをつくらないよう
に。多くの利用者がサイトを使えるように、
譲り合って利用しましょう。

Q 持ち物の準備や
忘れ物が心配です

A 忘れ物が心配なときは
レンタルありのキャンプ場を

キャンプは必要な道具が多くて忘れ物をし
がち。キャンプに慣れるまでは、レンタル
ありのキャンプ場を選んでおくと安心で
す。忘れ物で特に多いのは、テントやター
プのポール。これがないと、どちらも設営
ができませんので、ご注意を！

Q 車をもってないけど キャンプはできる？

A コンパクトかつ軽量な道具で 身軽なキャンプがおすすめ！

テントやタープ、テーブル、チェアなど、キャンプ道具はかさばるものが多いですが、最近はどの道具もコンパクトに収納できて、軽量なものがたくさんあります。シングルバーナー（→p.98）など、登山やハイキングでもよく使われる道具も便利。できるだけコンパクトにまとめて大きめのバックパックに収納すれば、電車などの公共交通機関での移動も楽ちんです。

Q 1区画には 1テントしか張れないの？

A 小さなテントを 複数張っても大丈夫です

多くのキャンプ場で、区画内であればテントもタープも複数張ることができますが、キャンプ場によっては1区画に1テントという決まりになっているところもあります。どちらにしても、区画の大きさを知っておいたほうがよいので、予約時に確認しておきましょう。2グループで2区画借りる場合は、2区画内で自由にレイアウトも可能。借りた区画からロープをはみ出さないようにだけ注意しましょう。

Q 予約してないけど、 飛び込みの利用は可能？

A 空いていれば OKなことが多いです

近年、予約がなくても入れるキャンプ場は少なくなってきています。利用者が増えてきているので、ハイシーズンに混雑するのを避けるためです。ただし、キャンプ場が空いていれば、飛び込みでも利用できることがあります。とりあえずキャンプ場に向かってみるのはリスクが高すぎるので、当日キャンプ場に連絡を入れてみて、利用できるかどうか確認をしましょう。

⬆ ハイシーズンでも平日は余裕があることも（画像提供／奥多摩・川井キャンプ場）

Q 雨が降っちゃった！ キャンセル料はかかる？

A キャンセル料はかかるので キャンプ場に連絡を

雨が降ったのでキャンプを中止したいときでも、キャンセル料はかかります。必ずキャンプ場に連絡して手続きをしましょう。テント泊からバンガローやコテージに変更できることがありますので、前日に問い合せてみるのも手です。台風や土砂崩れなど、キャンプ場が閉鎖されたときにはキャンセル料はかかりませんが、念のため連絡しておくのがマナーです。

Q コテージにはどんな
備品がついているの？

A キャンプ場によっても
異なるので問合せを

貸別荘のようなイメージで、冷蔵庫や炊飯器、ガスコンロの他、テレビやエアコンなどの家電製品や、布団とシーツがついてくることが多いです。鍋や食器などは用意されていますが、タオルやゆかた、歯ブラシ、シャンプー、石鹸などはないことが多いです。

⬅コテージ(ロッジ)の内観（画像提供／奥多摩・川井キャンプ場)

Q キャンプ場の炊事場で
お湯は出る？

A 冬だけお湯が出る
キャンプ場もあります

通年営業のキャンプ場では、冬だけお湯が使えるキャンプ場もありますが、ほとんどのキャンプ場で使えるのは水のみ。給湯設備が整ったキャンプ場はとても少ないです。油のついたフライパンや食器は低温だと落ちにくいので、自分でお湯を沸かして使うのがおすすめです。

Q キャンプ場では
携帯電話は通じる？

A 谷間のキャンプ場は
電波がとれないことも

山間部のキャンプ場は注意が必要です。標高が高く見晴らしのよい山地なら電波が入りやすいですが、谷間は電波が通じないことも多くあります。また、携帯電話キャリアによっても入り方が違います。多くのキャンプ場で、管理棟に公衆電話が設置されています。

Q キャンプで
防犯対策は必要ですか？

A 長時間留守にするときや夜間は
必要最低限の防犯対策を

長時間テントを留守にする場合は、南京錠やダイヤルロック式の鍵をかけておくと安心です。就寝前には、ランタンなどの小物やチェア、食糧を入れたコンテナなど、しまえるものはテントや車の中に収納しましょう。サイトの整理整頓にもつながります。財布や車の鍵などの貴重品は、サコッシュやポーチなどに入れて、身につけておきましょう。

Q 自転車などの乗りものを持参してもよい?

A 広場等での利用が可能なキャンプ場もあります

自転車やキックボードなどの乗りものや、バドミントンやボールなどの遊具を持ち込めるキャンプ場もあるので、事前に確認しておきましょう。持ち込み可能な場合でも、テントを張るエリアとは別に、プレイエリアやアクティビティエリアなど、自由に遊べるエリアが設けられていることが多いです。ドローンも同様で、多くの場合、テントを張るエリアでは使用が禁止されています。

⊕自転車を持ち運んで、キャンプ場周辺を散策するのも楽しい

Q 隣のサイトがうるさい…どうしたらよい?

A キャンプ場のスタッフに来てもらいましょう

隣のサイトが夜遅くまで騒いでいたら注意したくなりますが、その後のご近所付き合いがぎくしゃくするのも困ります。いちばんよいのはキャンプ場のスタッフに来てもらって、いっしょに話をする方法。第三者が立ち会ってくれることで、お互い冷静に話し合えます。

Q 初心者でもソロキャンプはできますか?

A グループキャンプでコツを得てからトライ

テントの立て方や、撤収の方法、ごはんの準備など、まずはグループキャンプでキャンプの流れをつかむところから始めてみましょう。キャンプのコツを得てからなら、ソロキャンプにも挑戦しやすいはず。

Q ペットといっしょにキャンプはできる?

A ペット可のキャンプ場でルールを守って楽しみましょう

ペットといっしょにキャンプできる場合でも、リードは必須です。動物が苦手な人もいますし、他のサイトのペットとけんかになるのも困ります。犬たちが遊べるドッグランエリアが用意されていることが多いので、そちらを利用して、のびのびと自然を満喫しましょう。

きほんの対処法を知っていると安心

ケガや病気の対処法

ケガや病気がないのがいちばんですが、
簡単な処置はできるよう、対処法を学んで心の準備をしておきましょう。

慌てず冷静に対処しよう

　キャンプ中に、やけどやねんざ、熱中症など、ケガをしたり、病気にかかったりすることがあるかもしれません。突然のことで慌ててしまうかもしれませんが、どんな状況でも冷静に対処することが大切です。その

ためにも適切な応急処置を知っておくことは重要。大事に至らなくて済んだり、症状の悪化を食いとめたりすることができます。また、応急処置を施したら、すぐに病院で診察を受けて、きちんと治療しましょう。

🔵 熱中症は予防が肝心

真夏のキャンプ場で過ごすとき、いちばん注意したいのが熱中症です。とにかく水分補給が大事で、スポーツドリンクなど、塩分（ナトリウム）やカリウムなどのミネラルが含まれた飲料水をこまめにとります。体温が上昇しすぎないように、涼しい服装を心がけて必ず帽子を着用しましょう。長時間、炎天下や蒸し暑い場所で過ごさないように。風通しのよい場所や木陰で体を休めるのも大事です。

⬆日差しが強いときは要注意

🔵 熱中症にかかってしまったら？

めまいや立ちくらみ、足がつる、大量に汗をかくなどは、熱中症の初期症状です。速やかに涼しい場所へ移動して、服をゆるめて体を冷やしましょう。首や脇の下、太ももなどを冷たいタオルや氷で冷やし、体温を下げます。意識がなくなるなど症状が重くなる前に、できるだけ早く病院へ行き、早急に治療を受けるようにしましょう。

やけどはすぐに
冷やすのがポイント

バーナーや焚き火、炭火などの火器を扱う機会が多いので、やけどには十分注意を。やけどを負ってしまった場合は、すぐに水道水で冷やします。衣服の下をやけどした場合は、皮膚がはがれてしまわないように、衣服ごと水で冷やします。5〜10分ほど冷やしたあと清潔なガーゼを当てて安静にし、病院で診察を受けましょう。

↑流水やバケツにためた水でしっかり冷やす

ねんざは動かさずしっかり固定する

ねんざと打撲になったときの応急処置は「RICE」が基本です。「REST（安静）」「ICE（冷却）」「COMPRESSION（圧迫）」「ELEVATION（持ち上げる）」を施します。まず患部を動かないように固定し、安静にして、タオルの上から氷や冷水などをあてて冷やします。患部の腫れをおさえるために包帯などで締めて、心臓より高いところへ上げます。ねんざはくせになることもあるので、病院での治療をおすすめします。

ハチ対策は服の色と冷静な行動

夏から秋にかけてスズメバチが活発になります。巣には絶対に近寄らないこと。スズメバチを複数見つけたら、近くに巣があるかもしれないので、静かにその場を立ち去ります。決して手で追い払ったり、走って逃げたりしないでください。刺激すると攻撃したり、仲間を呼んだりします。黒い色に攻撃する習性があるので、明るい色の服を着る、帽子をかぶって髪の毛を隠すなど対策をしましょう。

基本の救急セットを
用意しておこう

ちょっとしたケガはアウトドアにつきものです。必ず基本の救急セットを用意しておきましょう。切り傷などを処置する外用薬は多めに入れておくと安心です。いろいろなサイズのばんそうこうがあると便利で、ガーゼは小分けになったものを。内服薬は服用している常備薬の他、頭痛や歯の痛みに効く鎮痛剤があると安心。

CHECK LIST

☐ 消毒液	☐ はさみ
☐ ばんそうこう	☐ ピンセット
☐ ガーゼ	☐ ビニール袋
☐ 包帯	☐ 虫刺されの薬
☐ 固定テープ	☐ 常備薬
☐ 三角巾	☐ 鎮痛剤
☐ ウェットティッシュ	☐ 解熱剤

気象変化の対処法

アウトドアでの活動は自然災害と隣り合わせです。
ふだんよりも、気温や湿度、風などに注意して、気象変化を見逃さないようにしましょう。

大きな事故を防ぐために

大雨や落雷、竜巻などの自然災害に巻き込まれないようにするためには、早めに行動することが大切です。何か少しでも気象変化の前兆が見えたら、それに備えてすぐに行動を起こせるように、心の準備をしておきましょう。

山間部では昼と夜の温度差に注意

真夏でも、山間部のキャンプ場は夜には10度以下まで冷え込むことがあります。昼間に30度近くまで暑くなっていれば、その寒暖差だけで体調を崩すことも。夏だからといってTシャツに半ズボンの軽装だけではなく、長袖のシャツや薄手のフリース、ジャケットなどを用意します。きちんとレイヤリング（→p.30）をして体温調節しましょう。また、初秋から、夜は0度近くまで冷え込み、10月下旬からは雪がちらつく場所もありますので、防寒装備はしっかりと。

⬆昼間はぽかぽか陽気でも夕方から冷え込む。体を冷やす前に上着を羽織って暖かくしよう

川辺のキャンプは増水に注意

夕立など急な大雨で増水したときは、川辺に近づかないこと。特に山間部の渓流は注意が必要です。いくつも渓流を合わせて下ってくるため、ふだんは水が少なく緩やかな渓流でも、一瞬で濁流に変わることもあります。また、キャンプ場では雨が降っていなくても、山頂付近で大雨になっていれば、徐々に水かさが増してきます。そんな傾向が見られるときは、川遊びをやめて川から離れましょう。

積乱雲は大雨のサイン

夏らしい入道雲、実は大雨の前兆です。入道雲は積乱雲という、急激に発達して大雨をもたらす雲のことです。午後になって気温が上がってくると、もくもくと沸き出してきますので、テントサイトを一巡して大雨に備えましょう。近年は突然の大雨になる「ゲリラ豪雨」もよく見られます。ゲリラ豪雨は予測が難しいことと、雨量が多く土砂崩れなどの災害が発生することもあり、とても危険です。大雨が続くようなら、無理せず撤収しましょう。

⬆積乱雲は気温が高く、湿気が多いときに発生しやすい。雷を伴うこともあるので要注意

雷から身を守る方法

雷の音が非常に近いときは、コンクリートの建物や車の中など、安全な場所へ避難します。近くに安全な場所がないときは、木や電信柱など、高いものから4m以上離れたところで姿勢を低くします。高いものが避雷針となってくれるので、自分へ落ちる可能性がぐんと下がりますが、木の枝や葉から2m以上離れないと雷が伝わってしまうので注意してください。

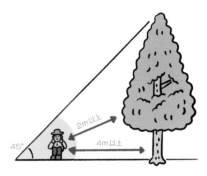

45°　2m以上　4m以上

⬆図のオレンジ色の部分には雷が落ちにくい。持ち物は体より低くなるように地面に置く

竜巻のときは避難することも考えよう

積乱雲に伴って、竜巻が発生することも。全国各地、どこでも起こる可能性がありますが、特に沿岸部での発生が多く見られます。大きな竜巻は物置や車は吹き上げてしまうほどの威力があるので、頑丈な建物の中に避難して窓から離れて姿勢を低くします。太い木でも倒れるおそれがあるので近づかないように。暗い積乱雲が発生しているときは、天気アプリやラジオなどで竜巻注意報が出ていないか、確認しましょう。

気象変化の前兆を見逃さないように

気象変化の前兆に敏感であれば、大雨や落雷、竜巻などの急な災害から身を守れる可能性が高くなります。例えば、風が急に強くなる、湿気が増加する、昼間なのに気温が下がるなど、ちょっとしたことが暴風雨のサインです。今すぐ避難する必要はありませんが、用心して過ごすだけでもリスク回避につながります。

お泊まりキャンプの基本的な道具をチェック！

持ち物チェックリスト

何を持って行けばよいか迷ったときの参考にしてください。日数や参加人数、宿泊スタイルによっても持ち物は変わりますので、オリジナルのリストをつくっておくと便利です。

テントまわり

- ☐ テント／ポール、ロープ、ペグも忘れずに
- ☐ グランドシート
- ☐ インナーマット
- ☐ シュラフ
- ☐ マット

キッチンまわり デイキャンプにも必要

- ☐ ツーバーナーなどの火器／ガソリン、ガスも忘れずに
- ☐ グリル、焚き火台などの火器／トーチや軍手など、火おこしグッズも忘れずに
- ☐ バケツ／火器を扱うときは必ず水の準備を
- ☐ ウォータータンク
- ☐ クーラーボックス
- ☐ 保冷剤
- ☐ 鍋などの調理器具／お玉や菜箸などの小物も
- ☐ まないた・包丁
- ☐ 食器・カトラリー
- ☐ ラップ・アルミホイル・タッパー／食材の保存や調理に便利
- ☐ ゴミ袋
- ☐ ざる・食器乾燥ネット／食器の一時保管に
- ☐ 洗剤・スポンジ・たわし
- ☐ 布巾・キッチンペーパー／水気のふきとりなどに
- ☐ ぞうきん・古布／掃除などに

リビングまわり　ランタン以外はデイキャンプにも必要

- ☐ タープ／ポール、ロープ、ペグも忘れずに
- ☐ テーブル
- ☐ チェア
- ☐ ランタン／充電用のバッテリーやガソリン、ガスも忘れずに

ウエア　デイキャンプにも必要

- ☐ 着替え／下着や靴下のほか、Tシャツの替えも
- ☐ 帽子／夏は必須！ 冬は防寒に
- ☐ 長袖・長ズボン／夏でも長袖・長ズボンはあった方が便利
- ☐ アウター・レインウエア
- ☐ 長靴
- ☐ サンダル／テントサイトで便利
- ☐ 防寒小物／初秋からは手袋や帽子、マフラーなどもプラスして

常備品・救急用品　デイキャンプにも必要

- ☐ タオル／数枚あると便利
- ☐ トイレットペーパー
- ☐ ティッシュペーパー
- ☐ ガムテープ／各種修理に便利
- ☐ ロープ／テント・タープのロープの予備、洗濯ロープなど、使い道はいろいろ
- ☐ 懐中電灯・ヘッドランプ／ランタンとは別に用意しておく
- ☐ ラジオ
- ☐ 予備の電池
- ☐ 保険証のコピー
- ☐ 救急セット／常備薬も忘れずに
- ☐ 防虫スプレー・蚊取り線香など
- ☐ 日焼け止め

キャンプ用語集

 あ

インナーウォール、インナーテント
2重構造になっているダブルウォールテントのうち、内側に張るテントのこと。

ウルトラライト
キャンプ道具や、登山道具で、軽量化することを指す。軽量な道具を意味することもある。U.L.（ユーエル）ともよばれている。

オートキャンプ
キャンプサイトに車を乗り入れて、車のそばでキャンプをすること。オートキャンプ専用のキャンプ場もある。

熾き火（おきび）
薪や炭が、炎が出ない状態で燃えているようす。熾き火になった炭は、火力が安定して、調理に使いやすい。

 か

ガイロープ
テントやタープを張るときに使うロープのこと。ガイライン、張り綱ともよばれる。

キャンプギア
キャンプ道具、キャンプ用品の意味。テントやタープ、チェア、シュラフ、グリル、焚き火台、キッチン用品など。

キャンプサイト
テントを張る場所のこと。

グランドシート
インナーテントの下に敷くシート。汚れや水濡れを防ぐ。

グループキャンプ
複数人でキャンプをすること。グルキャンともいう。

グランピング
グラマラス（glamorous）と、キャンピング（camping）を合わせた言葉。キャンプ道具や食材など、キャンプに必要なものが一式用意されていて、手ぶらでキャンプができる。大きなテントや、コテージなど、宿泊形態はいろいろ。

コテージ
キャンプ場にある宿泊施設。一戸建ての建物を一棟まるごと借りて宿泊する。キッチンやトイレ、寝具など、生活に必要な設備はすべてそろっていることが多い。ロッジはコテージとバンガローの中間。

 さ

シェラカップ
口が広くて浅いカップのこと。アメリカ合衆国の自然保護団体「シエラクラブ」が会員に配っていたカップが名の由来。軽量で重ねて収納できるものが多い。

前室（ぜんしつ）
インナーテントの入口にある空間のことで、フライシートが屋根になっている。荷物置き場などに活用できる。

ソログルキャン
ソロ（一人）キャンプとグループキャンプを合わせた言葉。一人ずつがキャンプ道具を用意し、各自でテントを張って食事をするソロキャンプ的なスタイルと、共有スペースを設けて、みんなで焚き火を囲むなど、グループキャンプ的なスタイルを掛け合わせたもの。

 た

ダブルウォールテント
インナーテントと、フライシートの2重構造のテントのこと。

 は

バンガロー
キャンプ場にある宿泊施設。キッチンやトイレ、寝具などがなくて、建物のみを貸し出すとき、バンガローとよぶことが多い。キャビン（ケビン）も同様。

フライシート
2重構造になっているダブルウォールテントのうち、外側に張るテントのこと。

ペグ
テントやタープを地面に固定するためのもの。杭。ペグを地面に打ちつけることをペグダウン、抜くことをペグアウトという。

掲載商品問合せ先一覧

（株）ASOMATOUS	✉ info@asomatous.jp	
アンバイ ジェネラルグッズストア	☎ 03-6328-0577	
（株）アンプラージュインターナショナル	☎ 072-728-2781	
（株）飯塚カンパニー	☎ 03-3862-3881	
岩谷産業お客様相談室	☎ 0120-156269 ☎ 0570-200-665	
イワタニ・プリムス㈱	☎ 03-6667-0680	
we know enough <（ウィーノーイナフ）	🖥 https://www.weknowenough.com/	
A&F（エイ アンド エフ）	☎ 03-3209-7575	
Oregonian Camper（オレゴニアン キャンパー）	🖥 https://www.oregonian.jp/	
カリマーインターナショナル	✉ info@karrimor.tokyo	
（株）カンセキWILD-1事業部	☎ 028-688-7597	
北見ハッカ通商	☎ 0120-17-3663	
キャプテンスタッグ	☎ 0256-35-3117	
キャンパルジャパン株式会社	☎ 0800-800-7120	
児玉兄弟商会	☎ 073-492-3315	
ゴールドウインカスタマーサービスセンター	☎ 0120-307-560	
コールマンカスタマーサービス	☎ 0120-111-957	
コロンビアスポーツウエアジャパン	☎ 0120-193-821	
（株）ジェイエイチキュー（JHQ）	☎ 092-409-0199	
新越ワークス（ユニフレーム事業部 東京営業所）	☎ 03-3264-8311	
新富士バーナー（株）	✉ info@shinfuji.co.jp	
スノーピーク	☎ 0120-010-660	
（株）ゼインアーツ	🖥 https://zanearts.com	
ソトレシピプロダクツ	✉ products@sotorecipe.jp	
チャムス	🖥 https://www.chums.jp	
ティムコ（フォックスファイヤー）	🖥 https://www.foxfire.jp	
（株）ニューテックジャパン	☎ 045-315-4551	
ノルディスクジャパン	☎ 03-6885-8206	
（株）ハイマウント	☎ 03-3667-4545	
パーフェクトポーションジャパン	☎ 075-241-3913	
（株）BSR	☎ 070-4759-9272	
ビクセンカスタマーサポート	☎ 04-2969-0222	
ビーズ（株）	☎ 050-5305-9905	
ファイヤーサイド	🖥 https://www.firesidestove.com	
モンベル・カスタマー・サービス	☎ 06-6536-5740 ☎ 0088-22-0031（携帯電話使用不可）	
リス（株）	🖥 https://www.trunkcargo.jp	
ロゴスコーポレーション・コンシューマー係	☎ 0120-654-219	

大人の遠足 Book+ キャンプのきほん

2024年4月15日 初版印刷
2024年5月 1日 初版発行

編集内容や、商品の乱丁・
落丁のお問合せはこちら

https://jtbpublishing.co.jp/contact/service/

JTBパブリッシング お問合せ

（注記）
※本誌掲載のデータは2024年1月末日現在のものです。また、各種データを含めた掲載内容の正確性には万全を期しておりますが、キャンプ場施設の営業などは、気象状況等の影響で大きく変動することがあります。安全のためにも、お出かけの前には必ず電話等で事前に確認することをお勧めいたします。自然の中では無理をせず、自己責任において行動されるようお願いいたします。なお、事故や遭難、本書に記載された内容による損害等は、弊社では補償いたしかねますので、あらかじめご了承ください。※価格については、とくに表記のない場合、税込みです。発行後に、各種価格が変更になることがありますので、ご了承ください。

※本書は2016年4月刊行のPOCAPOCA『基本がわかる！キャンプレッスンブック』を再編集のうえ刊行しています。

※本書の編集にあたり、多大なご協力いただきました関係各位に、厚く御礼申し上げます。

編集人	志田典子
発行人	盛崎宏行
発行所	JTBパブリッシング
	〒135-8165
	東京都江東区豊洲5-6-36
	豊洲プライムスクエア11階
編集・制作	ライフスタイルメディア編集部
	茂木琴乃
編集・執筆	池田菜津美／山畑理絵／野寄理佳子
編集・執筆協力	小雀陣二
カバー・大扉デザイン	浅野有子
	（トッパングラフィック
	コミュニケーションズ）
カバー・大扉イラスト	常盤ミイ
本文デザイン	BEAM
イラスト	ナカオテッペイ／阿部亮樹／神田めぐ
写真	茂田羽生／中村英史／笹野忠和
	中村文隆／Koichi Miyagami
	pixta／フォトライブラリー／関係各施
撮影協力	A&F／スノーピーク／
	イレブンオートキャンプパーク
組版・印刷	TOPPAN